MANGA

Zeichenschule für Kinder

Einfach niedliche
Figuren für Fans von
Manga und Anime

yoai

Die englische Originalausgabe erschien erstmalig 2021 unter dem Titel Anime Art Class bei Rock Point.

Originally published in 2021 by Rock Point, an imprint of The Quarto Group, 142 West 36th Street, 4th Floor, New York, NY 10018, USA. www.Quarto.com

Publisher: Rage Kindelsperger
Creative Director: Laura Drew
Managing Editor: Cara Donaldson
Senior Editor: Erin Canning
Cover and Interior Design: Kim Winscher

Kreativ-Hotline
Hilfestellung zu allen Fragen, die Materialien und Bücher zu kreativen Hobbys betreffen: Wir beraten Sie. Rufen Sie an oder schreiben Sie eine E-Mail!
Telefon: 0711 / 123 757 20*
E-Mail: mail@kreativ-service.info
*normale Telefongebühren

Für die deutsche Ausgabe
Übersetzung: Wiebke Krabbe, Damlos
Produktmanagement: Nele Schlötzer
Lektorat: Nele Schlötzer, Sarah Ulmer
Covergestaltung: Melanie Herrmann
Herstellung: Heike Köhl
Satz: Arnold & Domnick, Leipzig
Druck und Bindung: 1010 Printing International Limited

4. Auflage 2026

einem Unternehmen der Penguin Random House Verlagsgruppe GmbH, München
produktsicherheit@frechverlag.de
ISBN 978-3-7358-9009-2 • Best.-Nr. 29009
Printed in Huizhou City, Guangdong, China TT022026

Penguin Random House Verlagsgruppe
FSC® N001967

MIX
Papier | Fördert gute Waldnutzung
FSC® C016973

Dieses Buch widme ich meinen lieben Eltern, ohne die es niemals entstanden wäre. Sie haben mich nicht nur auf die Welt gebracht und großgezogen, sondern mein Interesse an der Kunst immer gefördert und alles dafür getan, dass ich meinen Interessen nachgehen konnte. Danke, Mama und Papa: Eure Unterstützung bedeutet mir sehr viel, und jetzt bin ich an der Reihe, euch zu unterstützen.

INHALT

Grundkurs

Zeichentechniken

Figuren

Farben, Ideengalerie & Malseiten

VORWORT

Hallo!

Ich heiße Anny, als Zeichnerin nenne ich mich Yoai. Ich habe als Kind schon gern gemalt und seit 2012 beschäftige ich mich ernsthaft mit dem Zeichnen. Begonnen habe ich mit Chibis, weil sie mir so gut gefielen und weil sie einfach zu zeichnen sind. Als ich dann anfing, meine Chibis auf Social Media wie Instagram und DeviantArt zu posten, habe ich meinen Stil immer weiter verfeinert. Nachdem mein erstes Buch »Manga Chibi« erschienen war, habe ich angefangen, auch Anime- und Manga-Figuren zu zeichnen. Aktuell zeichne ich weiterhin Anime und Manga und teile die Zeichnungen regelmäßig auf meinen Social-Media-Kanälen.

Was sind Anime und Manga?

Das Vorbild für meine Zeichnungen sind animierte Fernseh- und Kinofilme aus Japan, ebenso wie Mangas. Ganz typisch für Anime- und Manga-Figuren sind große Augen, bunte Haare, ausgefallene Frisuren und übertriebene Körperformen. Heute gibt es aber im Anime und Manga viele verschiedene Stile. Mir gefallen niedliche Figuren, wie du sie in diesem Buch findest, am besten. In der großen Welt von Manga und Anime gibt es aber noch ganz andere Themen, die du entdecken kannst, z. B. Action, Horror und Science-Fiction.

Über dieses Buch

Du findest in diesem Buch viele Tipps und Tricks zum Zeichnen von Manga-Figuren, für Körper, Gesicht, Frisuren und Kleidung. Das Kolorieren und Schattieren wird erklärt, und du erfährst, wie Farbübergänge gelingen, wie du Figuren vorzeichnest und mit verschiedenen Farben – von Buntstift bis Watercolor – anmalst. All das kannst du in über 20 Schritt-für-Schritt-Anleitungen ausprobieren. Am Ende des Buchs findest du noch eine Galerie mit Ideen für Frisuren, Kleidung und mehr.
Lass uns anfangen!

MATERIAL

Los geht's!

Alle Motive in diesem Buch werden ganz traditionell gezeichnet, also mit Bleistift, Tuschestiften, Buntstiften, Markern und Watercolor. Wenn du mehr Erfahrung hast, kannst du dir noch weitere Materialien anschaffen. Für den Anfang brauchst du nicht viel. Ich schlage dir hier Materialien vor, aber du kannst auch gern andere ausprobieren. Was du brauchst, ist in den meisten Bastelgeschäften vorrätig oder online verfügbar.

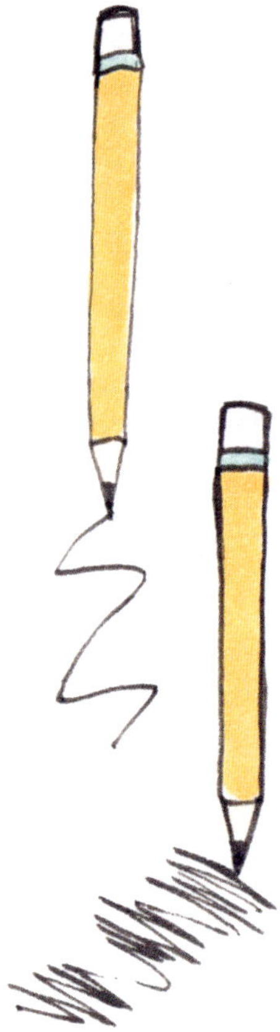

Papier

Bei vielen Motiven in diesem Buch wird nur eine Farbschicht aufgetragen. Dafür benutze ich meistens Canson XL Mix Media. Das ist ein Papier mittlerer Stärke, das sich für verschiedene Techniken eignet. Für Zeichnungen mit vielen Farbschichten und Schattierungen verwende ich gern ein widerstandsfähiges Papier, z. B. Canson XL Bristol. Wenn du mit Watercolor malen willst, solltest du Aquarellpapier benutzen.

Bleistifte

Ich empfehle, deine Figuren immer mit einem Bleistift vorzuzeichnen, damit du etwaige Fehler leicht ausradieren kannst. Ich nehme dafür einen Bleistift der Stärke HB, dessen Mine weder zu hell noch zu dunkel zeichnet. Du kannst auch einen Druckbleistift mit dickerer Mine benutzen (mindestens 0,7 mm), aber ich finde, dass man mit einem normalen HB Bleistift besser schattieren kann.

Radiergummi

Wenn du deine Figuren mit Bleistift vorzeichnest, solltest du zwei Radiergummis zur Hand haben: einen weißen Plastikradiergummi, z. B. Pentel Hi-Polymer Radierer, und einen grauen Knetradiergummi, z. B. Prismacolor Kneaded Rubber. Der weiße Radiergummi beseitigt alles, was ihm in die Quere kommt. Der graue Knetradiergummi eignet sich besser, um nur einen Teil des Grafits vom Papier

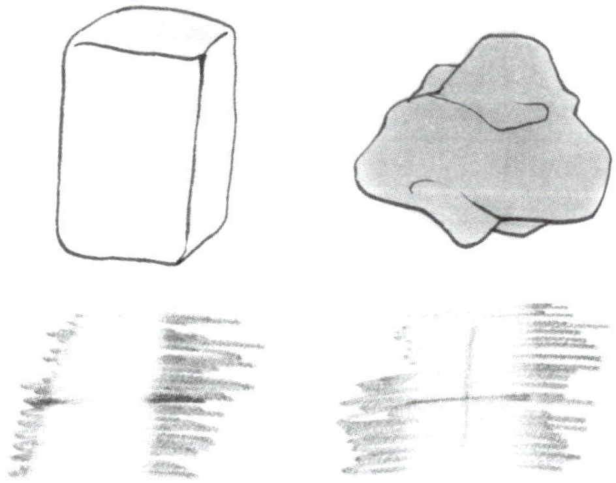

abzutragen, etwa weiche Schattierungen. Gegenüber siehst du zwei Schraffuren mit einem Kreuz in der Mitte. Der weiße Plastikradierer hat alles ausradiert. Der Knetradiergummi hat den schraffierten Hintergrund entfernt, aber nicht das Kreuz.
Praktisch ist auch ein Radierstift, den du einfach anspitzen kannst. Mit ihm kannst du sehr genau radieren. Den Knetradiergummi solltest du regelmäßig austauschen. Und bewahre ihn in einem sauberen Behälter mit Deckel oder einem Plastikbeutel mit Reißverschluss auf, damit er nicht schmutzig wird.

Fineliner

Fineliner gehören zur Grundausstattung, denn sie sind perfekt, um Konturen zu zeichnen. Sie sind einfach zu nutzen und man kann sie in vielen Farben und Stärken kaufen. Achte darauf, wasserfeste Fineliner zu verwenden, sonst können die Konturlinien später beim Kolorieren mit Markern auf Alkoholbasis verwischen. Vorsicht: Wenn auf den Stiften wischfest steht, sind sie nicht unbedingt wasserfest. Am besten probierst du deine Stifte zuerst auf einem Stück Schmierpapier aus. Einen Kugelschreiber solltest du für Konturen lieber nicht benutzen. Ich zeichne am liebsten mit einem Sakura Pigma Micron 0,1 mm in Schwarz, Sepia oder Violett.

Pinselstifte

Pinselstifte (Brush Pens) sind gut geeignet, um nach dem Zeichnen der Konturen größere Flächen mit einer einzigen Farbe auszufüllen. Ich benutze gern den Sakura Pigma Brush Pen in Schwarz. Notfalls kannst du auch einen normalen schwarzen Permanentmarker verwenden, um größere Flächen zu füllen. Deren Farbe hat aber manchmal einen Stich ins Blaue oder Violette, den du siehst, wenn sie das Licht reflektiert. Außerdem verträgt sich ihre Farbe nicht immer gut mit Finelinern. Auch Pinselstifte für Handlettering solltest du lieber nicht benutzen, weil ihre Farben anders zusammengesetzt sind, darum unterschiedlich stark decken und nicht immer wischfest sind.

Farbstifte

Farbstifte eignen sich gut, um deine Bilder zart zu kolorieren. Für kräftigere Farben musst du beim Anmalen ziemlich stark aufdrücken. Ich verwende besonders gern Prismacolor Premier, du kannst aber auch mit anderen Stiften arbeiten. Am besten wählst du Stifte mit einer weichen Mine, weil sie weniger Bindemittel und mehr Farbpigment enthalten. Hab immer einen Anspitzer griffbereit, denn mit spitzen Stiften lässt sich viel leichter zeichnen. Kaufe dir darum einen guten Anspitzer und ersetze die Klinge oft. Ein billiger oder stumpfer Anspitzer kann das Holz beschädigen oder die Mine abbrechen – eine unnötige Verschwendung.

Markerstifte

Manga-Figuren koloriere ich am liebsten mit Markern. Vor allem Marker mit Pinselspitze sind vielseitig und einfach zu handhaben. Für die Beispiele in diesem Buch habe ich lösemittelhaltige Marker benutzt, vor allem Copic Sketch oder Copic Ciao Marker. Sie sind etwas teurer, du kannst auch preiswertere Stifte auf Alkoholbasis ausprobieren. Marker auf Wasser- oder Ölbasis eignen sich für die Motive in diesem Buch nicht. Marker auf Wasserbasis lassen sich nicht gut mischen oder bei Farbübergängen verschmelzen. Marker auf Ölbasis sind schwieriger zu handhaben und werden eher für Bilder verwendet, die wie Gemälde aussehen sollen.

Watercolor

Das Kolorieren mit Watercolor (Aquarellfarben) ist etwas schwieriger als mit Markern, weil die Deckkraft und ein gleichmäßiger Farbauftrag weniger kontrolliert sind. Andererseits kannst du jede nur vorstellbare Farbnuance mischen, was mit Markern nicht möglich ist. Ich benutze gern die Sakura Koi Water Colors Pocket Field Sketchbox (48 Farben). Mir gefällt daran, dass sich nach dem Trocknen fast kein Rand bildet – ähnlich wie bei lösemittelhaltigen Markern. Es gibt aber auch andere gute Produkte. Vorsicht: Wasserfarbkasten für die Schule sind weniger pigmentiert, dadurch nicht so intensiv und strahlend. Zum Mischen empfehle ich dir eine große Palette. Bei Watercolor aus Tuben kommst du schon mit wenig Farbe SEHR weit. Für die besten Ergebnisse solltest du nur mit Aquarellpinseln mit feiner Spitze arbeiten. Ein Wassertankpinsel funktioniert auch, braucht aber mehr Übung. Denke daran, den Pinsel immer auszuwaschen und abzutrocknen, bevor du eine neue Farbe aufnimmst. Lege dir dazu ein Stück Küchenpapier bereit. Darauf solltest du die Spitze deines Pinsels abtupfen, bevor du ihn zum Ausspülen ins Wasser tauchst. So bleibt dein Wasser länger sauber.

Weißer Gelstift

So ein Stift eignet sich hervorragend, um nach dem Kolorieren Details und Lichtreflexe einzuzeichnen. Wenn er in einer Zeichnung zu stark deckt, kannst du etwas von der Farbe mit dem Fingernagel abkratzen – aber erst, wenn sie vollständig trocken ist, sonst verwischt sie. Für die Zeichnungen in diesem Buch habe ich den Sakura Gelly Roll 08 (0,8 mm) benutzt, ich arbeite aber auch gern mit dem uni-ball SIGNO Gelstift.

Weitere Werkzeuge

Leuchtpult: Unglaublich praktisch, wenn du deine Zeichnung auf ein anderes Blatt Papier übertragen möchtest. Manchmal radiere ich so viel, dass mein Papier Schaden nimmt. Dann lege ich einfach ein neues Blatt darauf und pause meine Zeichnung auf dem Leuchtpult durch.

Schreibtischlampe: Bei gutem Licht kannst du die Farben viel besser sehen. Die Lampe sollte gegenüber von deiner Arbeitshand stehen, sonst wirft deine Hand beim Zeichnen einen großen Schatten auf das Papier.

Zirkel: Einen Zirkel kennst du vielleicht aus dem Matheunterricht, aber er ist auch nützlich für die Kunst – z. B., wenn du perfekte Kreise für einen Hintergrund oder ein Muster brauchst. Ein Geodreieck® kannst du auch gut gebrauchen.

Malerkrepp: Dieses Klebeband ist nützlich, wenn du eine große Fläche mit einem ganz sauberen Rand malen möchtest. Nimm ein Klebeband, das speziell für Bilder und Zeichnungen gedacht ist. Solche Klebebänder lassen sich später abziehen, ohne das Papier zu beschädigen.

Breite Box oder Pappkarton: Die Box sollte etwa so breit wie dein Arbeitsplatz sein. Wenn du viel radiert hast, fege die Radierspäne direkt in die Box und nicht auf den Fußboden.

Haarspray: Ich benutze Haarspray, um fertige Bleistiftzeichnungen zu fixieren, damit sie nicht verwischen. Man kann zwar auch spezielles Fixativ kaufen, aber Haarspray erfüllt denselben Zweck, ist überall zu bekommen und kostet weniger. Lehne die Zeichnung an eine Wand, halte die Dose im Abstand von etwa 1 m und sprühe die Zeichnung ein – aber nur sparsam, sonst kann sich dein Bild verfärben. Nimm am besten unparfümiertes Haarspray, das keinen starken Geruch hat.

GRUNDKURS

Jetzt geht es richtig los: Wir zeichnen die ersten Manga-Figuren. In diesem Abschnitt findest du viele Tipps und Ideen, die ich selbst beim Zeichnen meiner Figuren entwickelt habe. Dabei habe ich durch Fehler und Ausprobieren gelernt. Ich zeige dir, wie man Körper, Gesichter, Frisuren und Kleidung zeichnet. Und wenn du später einmal unsicher bist, kannst du immer in diesem Kapitel nachschlagen.

KÖRPER

Japanische Manga- und Anime-Figuren haben ziemlich naturgetreue Proportionen, aber manchmal übertreiben die Zeichner auch. Einige Figuren sind extrem dünn oder sehr muskulös andere haben lange Arme und Beine. Die Augen sind oft groß, Mund und Nase dagegen klein.

Proportionen

Für die genaue Einteilung der Körperproportionen zeichnest du dir, wie unten, an unterschiedlichen Stellen Hilfslinien ein. Der Abstand zwischen diesen Linien entspricht einer Kopfhöhe. Diese Methode hilft dir auch, wenn du mehrere unterschiedlich große Figuren in einem Bild zeichnen möchtest, denn die Köpfe sind immer ungefähr gleich groß.

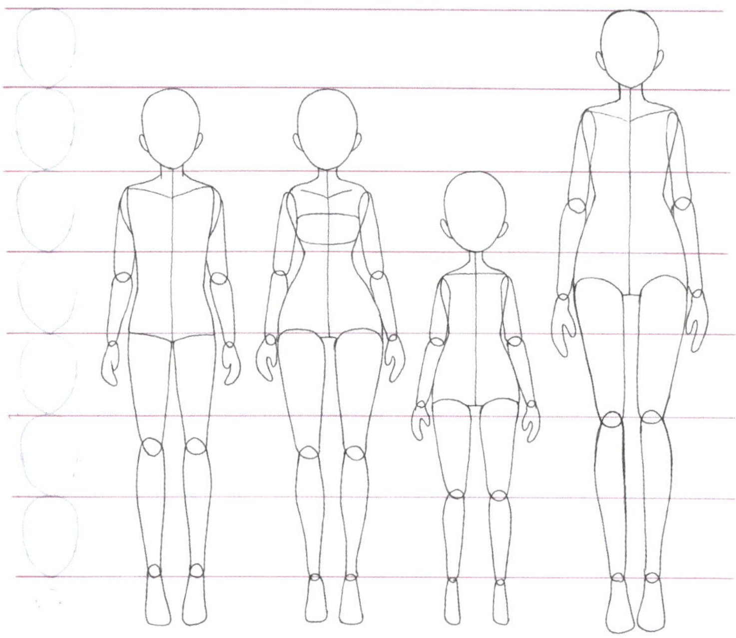

Wenn ich Figuren ohne diese Hilfslinien zeichnen will, gehe ich in dieser Reihenfolge vor: Kopf und Rumpf, Arme und Beine, dann erst das Gesicht. Beginne zuerst mit vereinfachten Formen. Du kannst sie später richtig ausarbeiten. Wenn du es dir noch leichter machen möchtest, zeichne deine Figur zuerst als Strichmännchen, wie in der Mitte zu sehen.

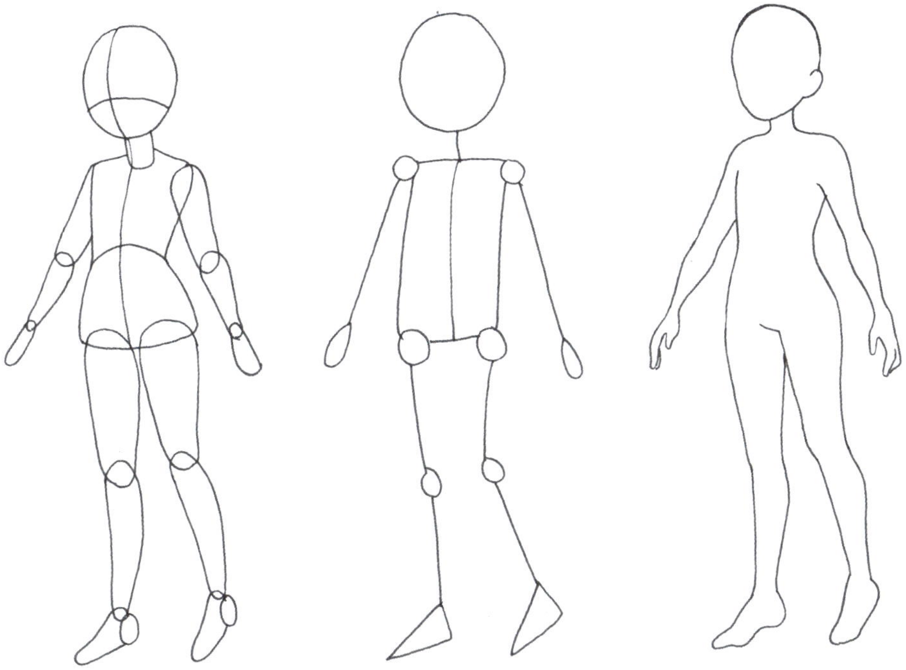

Die Körperform deiner Figur kannst du auch verändern.

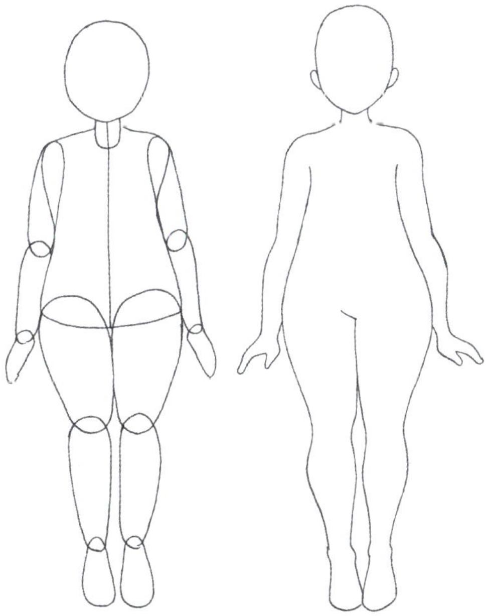

Kopf, Arme und Beine

Auch die einzelnen Körperteile kannst du aus einfachen Grundformen aufbauen, mit etwas Detail für die Gelenke. Für den Kopf fängst du am besten mit einem Kreis an. Hinterkopf, Seiten und Kinn werden anschließend hinzugefügt.

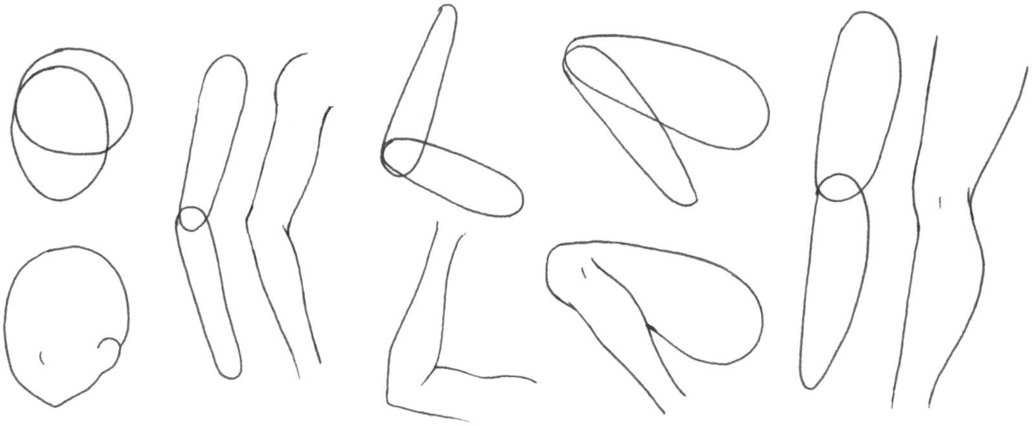

Hände und Füße

Sogar Hände und Füße bestehen aus Grundformen. Ich empfehle dir unbedingt, beim Zeichnen ab und zu auf deine eigenen Hände oder Füße zu schauen. Das hilft wirklich sehr, und du kannst die Position jederzeit verändern.

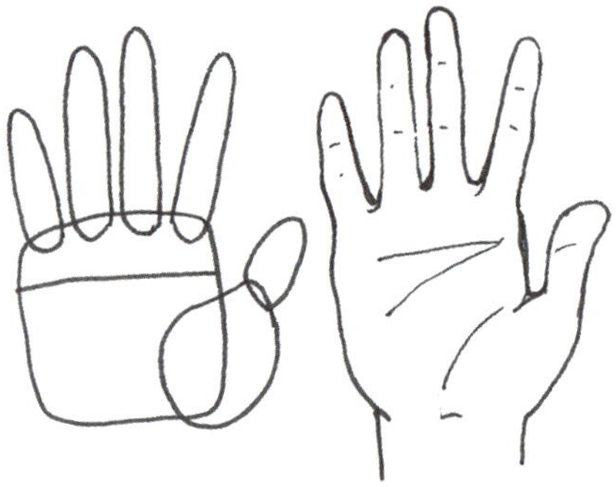

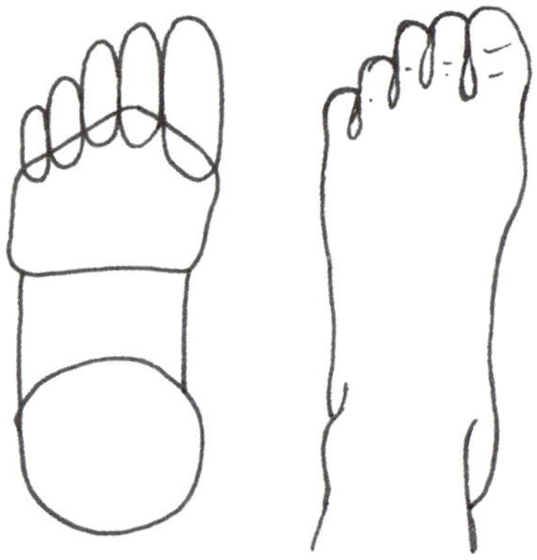

Der größte Teil der Hand ist die Handfläche. An ihrem oberen Rand sitzen Gelenke, an die sich die Finger anschließen. Jeder Finger (außer dem Daumen) hat zwei weitere Gelenke, und alle sind unterschiedlich lang.

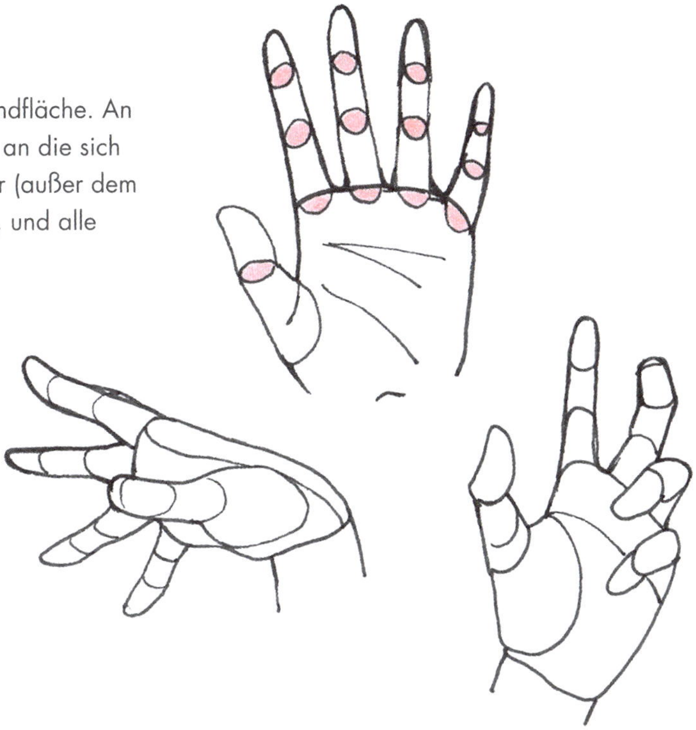

Der Fuß hat an seiner Unterseite eine kleine Wölbung, die man aber nicht immer sieht, wenn der Fuß flach auf dem Boden steht. Wie die Finger sind auch die Zehen unterschiedlich lang und haben zwei Gelenke – mit Ausnahme des großen Zehs. Die Zehen sind von Natur aus leicht gekrümmt. Der Fuß ist ebenfalls nicht platt, sondern hat eine Keilform, ähnlich wie ein Türstopper oder eine Käseecke.

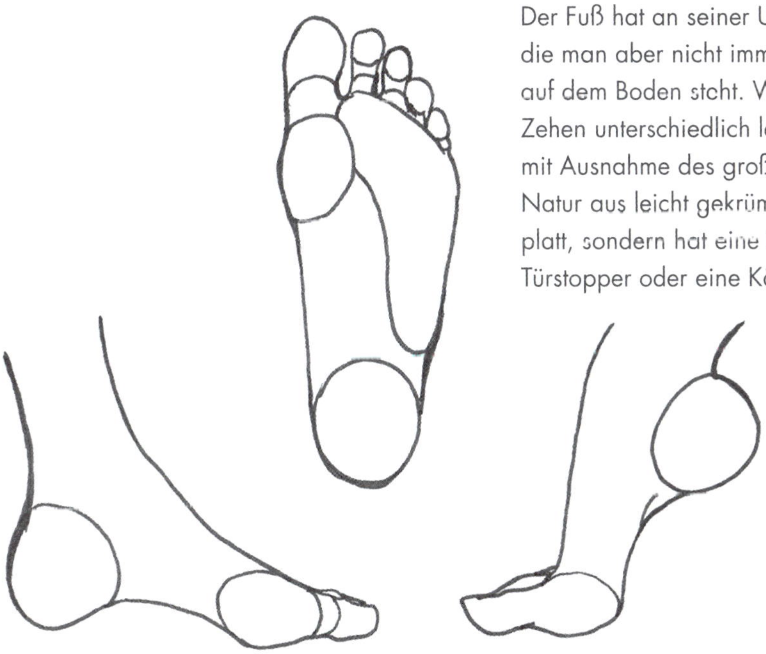

Körperhaltungen

Wenn du verschiedene Körperhaltungen für deine Figur ausprobieren möchtest, zeichne zuerst kleine, ganz einfache Skizzen (höchstens 5 x 5 cm). Es ist viel leichter, so eine kleine Zeichnung mit einem Blick zu erfassen und zu sehen, wo du die Proportionen vielleicht noch etwas korrigieren musst.

Wenn du die Pose auf ein größeres Blatt Papier zeichnen willst und dir beim Körperbau nicht ganz sicher bist, fange mit einem Strichmännchen an. Dabei solltest du die Haltung oder Bewegung sogar ein bisschen übertreiben, denn wenn der richtige Körperbau eingezeichnet ist und die Figur ihre Kleidung trägt, wirkt sie ganz von selbst etwas steifer.

GESICHTER

Bei den meisten Manga-Figuren fällt das Gesicht zuerst ins Auge. Hier erkläre ich dir, wie die Gesichtszüge angeordnet werden. Außerdem erfährst du, wie du verschiedene Gesichtsausdrücke zeichnen kannst.

Proportionen und Position

Hilfslinien sind nicht nur für den Körper nützlich (siehe Seite 12), sondern auch für das Gesicht. So legst du fest, wo die folgenden Teile liegen:

1. Oberkopf
2. Haaransatz
3. Augen und Ohren (Oberseite)
4. Augen und Nase (Unterseite)
5. Mund
6. Kinn

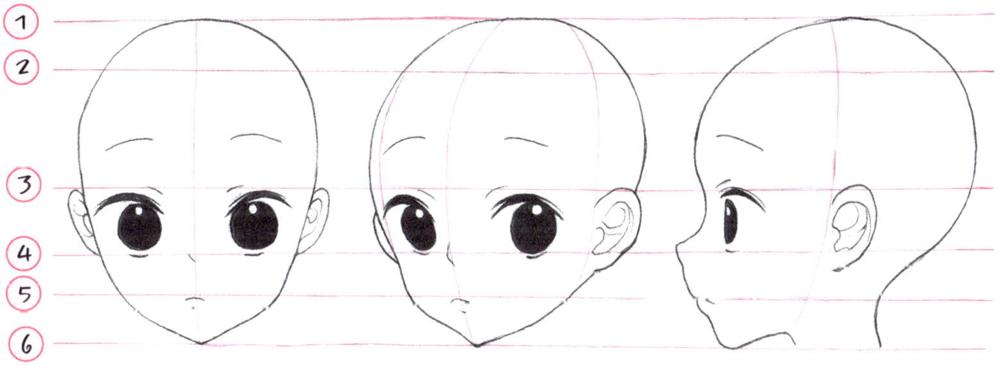

In der Regel zeichnest du diese Hilfslinien von außen nach innen. Das kannst du allerdings nach Belieben auch abwandeln. Die Hilfslinien verlaufen immer gleich, ganz egal, in welche Richtung die Figur schaut. Du kannst sie also auch nutzen, wenn du zwei ähnliche Figuren nebeneinander zeichnest. Die Abstände zwischen den Hilfslinien können aber unterschiedlich sein. Das hängt vom Aussehen einer Figur, ihrem Gesichtsausdruck, ihrem Alter und anderen Faktoren ab. Probiere ruhig verschiedene Varianten aus, bis du Abstände gefunden hast, die zu deiner Figur passen.

Augen

Augen sind nicht einfach zu zeichnen, aber gerade im Manga sind sie sehr wichtig. Eine Schwierigkeit ist z. B. der Abstand zwischen ihnen. Mein Tipp: Er ist ungefähr so breit wie ein Auge. Schaut die Figur geradeaus, sind die Augen gleich groß. Schaut sie schräg zur Seite, ist die Iris des hinteren Auges nur halb so breit wie die Iris des vorderen Auges.

Wenn dich die Figur direkt ansieht, muss auch die Pupille genau auf dich gerichtet sein. Dabei spielt die Form oder der Winkel der Iris keine Rolle. Schau dir diese Beispiele einmal an und achte genau darauf, wo die Pupille im Verhältnis zur Iris und zur Augenhöhle sitzt. Wenn die Figur dich nicht ansieht, zeigt die Pupille in die Richtung, in die sie schaut.

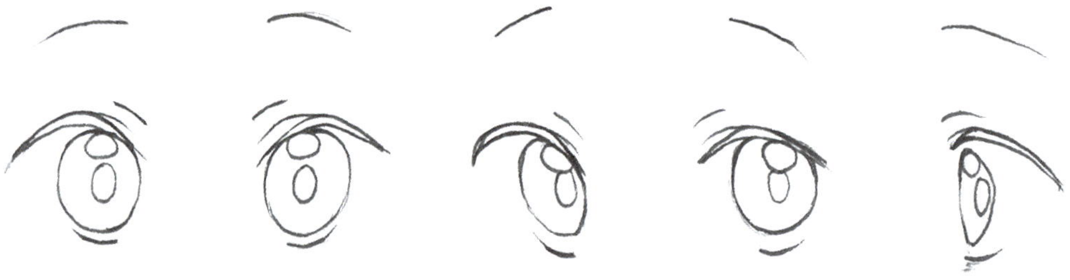

VON VORN LEICHT SEITLICH IM PROFIL

Auch die Perspektive spielt eine Rolle. Schaust du gerade auf die Figur, verschiebt sich die Iris im Auge nicht. Wenn man die Figur von unten ansieht, scheint die Iris tiefer im Auge zu sitzen, man sieht also etwas vom weißen Augapfel über der Iris. Sieht man die Figur von oben, ist das Gegenteil der Fall.

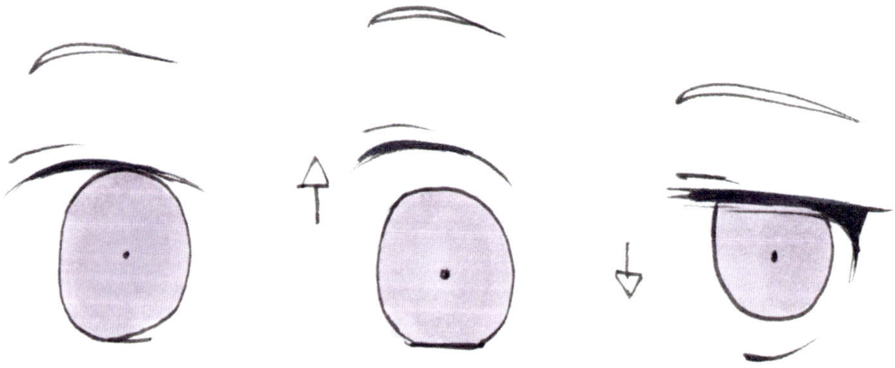

GERADEZU VON UNTEN VON OBEN

Augen sind nicht nur einfache Kreise. Sie bestehen aus vielen Teilen, und es gibt viele Möglichkeiten, sie zu zeichnen. Japanische Anime- und Manga-Augen ähneln realistischen Augen, allerdings werden einige Merkmale übertrieben oder weggelassen. Hier kannst du ein (einigermaßen) realistisches Auge mit einem Manga-Auge vergleichen. Der auffälligste Unterschied ist die Iris: Im Manga ist sie riesig. Das Auge wird weniger breit dafür länger dargestellt, die Augenwinkel und Tränenkanäle sind nicht zu sehen. Ein einziger dickerer Strich stellt die Wimpern dar, auch die Augenbraue ist vereinfacht. Der Abstand zwischen Augenbraue und Augenlid ist größer. Das Glanzlicht im Auge zeigt an, wo sich die Lichtquelle befindet und einen Glanzpunkt als Spiegelung der Lichtquelle solltest du immer einzeichnen. Wenn du möchtest, kannst du ganz zum Schluss noch kleinere Glanzlichter mit einem weißen Gelstift hinzufügen.

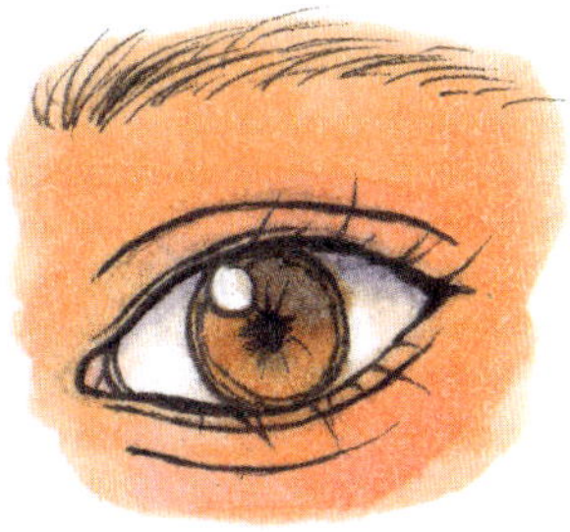

REALISTISCH

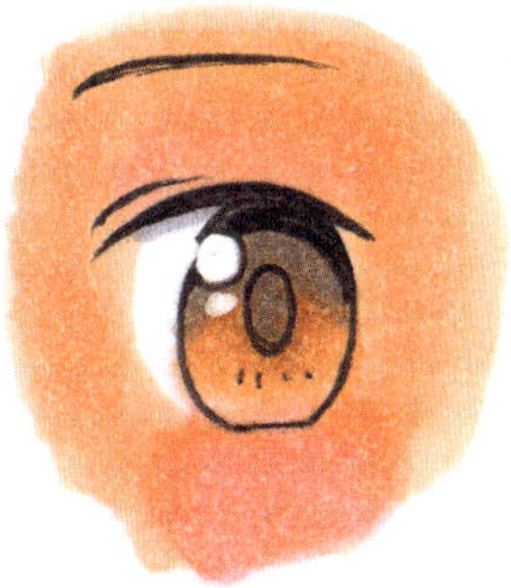

MANGA

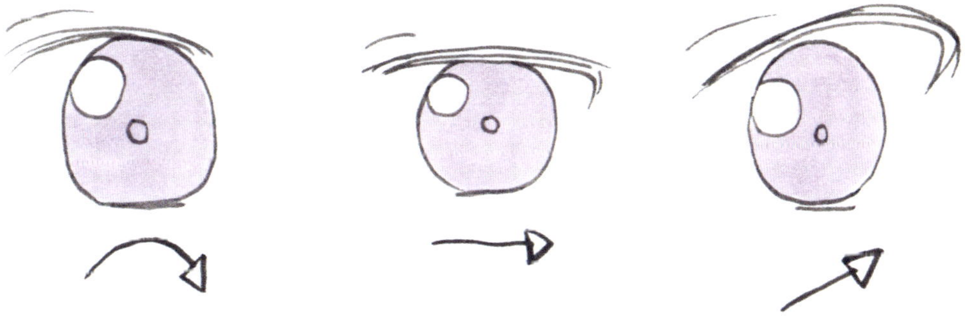

Die Augenlider können das Auge mehr oder weniger stark bedecken, was sich auch auf den Gesichtsausdruck auswirkt. Die Lidfalte ist eigentlich nur ein Strich über der Wimpernlinie. Sie kann entweder über die gesamte Länge verlaufen oder nur am inneren Augenwinkel beginnen. Wenn die Augen halb geöffnet sind, kann die Falte etwas heller gezeichnet werden – das wirkt realistischer. Bei diesen Beispielen zeigen die Pfeile an, in welche Richtung die Wimpernlinie gezeichnet wurde.

Hier siehst du noch mehr Beispiele für ganz verschiedene Augen. Versuche einmal, sie nachzuzeichnen, oder benutze sie bei deiner nächsten Manga-Figur.

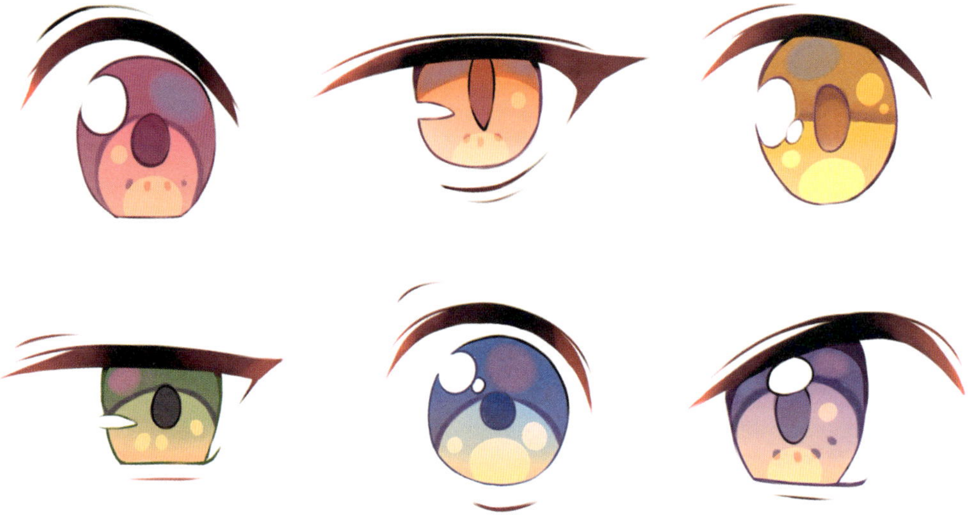

Augenbrauen

Zeichne Augenbrauen immer von innen (von der Nase) nach außen, also in Richtung Ohr. Auch die Augenbrauen können viele verschiedene Formen haben.

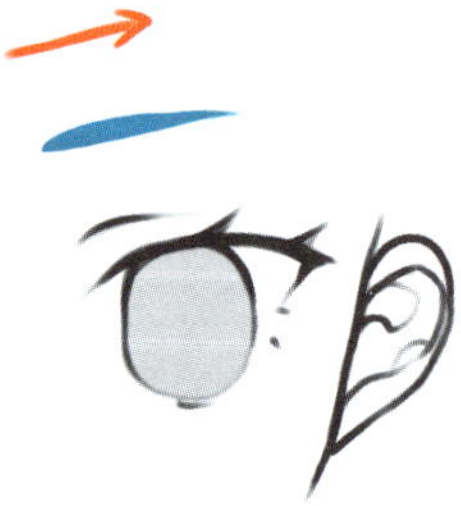

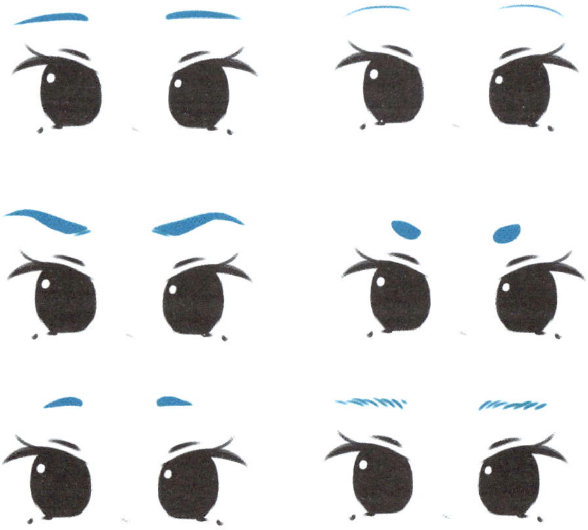

Nasen

Hier siehst du Beispiele für Manga-Nasen. Manchmal ist es aber gar nicht notwendig, die Kontur der Nase zu zeichnen. Dann wird ihre Form einfach durch Schatten herausgearbeitet.

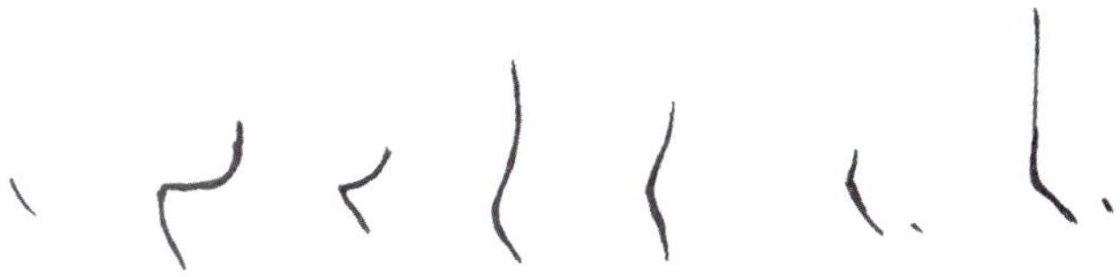

Münder

Dein gezeichneter Mund sieht realistischer aus, wenn du Zähne oder eine Zunge hinzufügst. Schließlich ist er nicht nur ein leeres Loch in der Mitte des Gesichts. Die Zunge wird in einem helleren Farbton koloriert als das Innere der Wangen. Dadurch entsteht eine räumliche Wirkung. Die Unterlippe wird oft nur durch einen kleinen Strich unter der Oberlippe angedeutet.

Gesichtsausdrücke

Mit den großen Augen der Manga-Figuren und den kleinen Nasen und Mündern lassen sich ganz leicht viele Gesichtsausdrücke zeichnen. Achte dabei besonders auf die Augenbrauen, den Mund und die Form der Augen.

Hier ist gut zu erkennen, wie nur durch Variation der Augen, der Brauen und des Munds ganz unterschiedliche Emotionen dargestellt werden.

HAARE

Die Frisur kann viel über die Persönlichkeit eines Menschen verraten, so ist es auch bei Manga-Figuren. Die Haare können lang oder kurz, lockig oder glatt sein, sie können zusammengebunden oder offen sein – ganz wie es dir gefällt. Ideen für tolle Frisuren findest du auch in der Galerie ab Seite 133.

Technik

Eine wichtige Frage ist, wo du beim Zeichnen ansetzt. Damit die Frisur nicht aussieht wie eine billige Karnevalsperücke, die du deiner Figur übergestülpt hast, achte darauf, dass alle Strähnen von einem Punkt oder einem Scheitel ausgehen.

Form

Um es dir einfacher zu machen, kannst du zuerst die Gesamtform der Haare zeichnen und danach die Einzelheiten ausarbeiten. Ergänze dünnere Striche als Strähnen, damit die Haare realistisch aussehen.

Wenn die Haarsträhnen überall gleich breit sind, sehen sie aus wie Bandnudeln. Realistischer ist es, wenn du ihre Breite zwischendurch veränderst.

Denke auch daran, dass manche Haarsträhnen teilweise von anderen verdeckt werden. Die verdeckten Strähnen sind etwas weiter vom Betrachter entfernt, darum brauchst du dort nicht so viele Details einzuzeichnen. Färbe sie aber dunkler ein, denn sie liegen im Schatten. Die oberen Haarsträhnen sind heller, weil sie im Licht liegen.

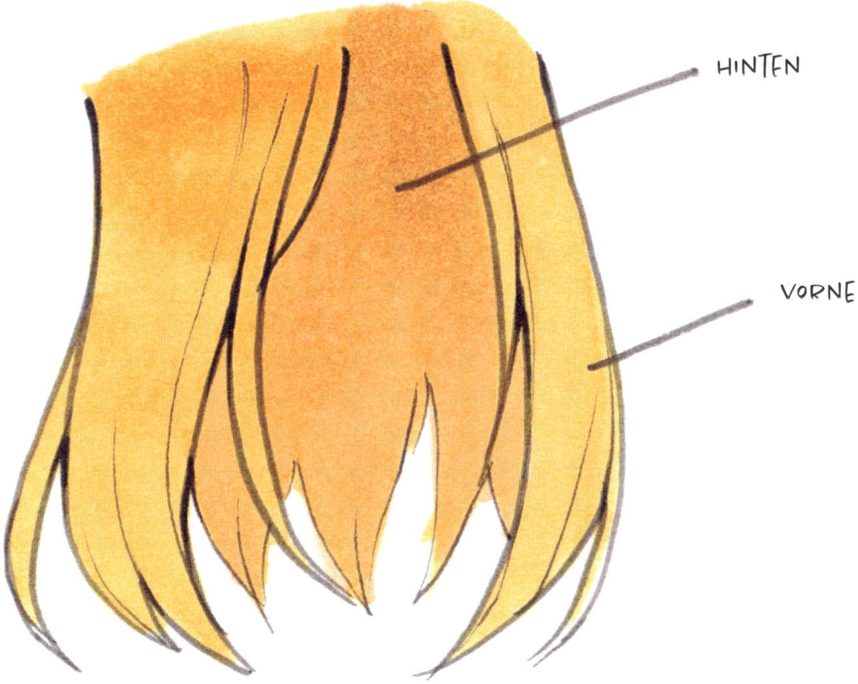

KLEIDUNG UND SCHUHE

Kleidung und Schuhe sagen eine Menge über deine Figur aus, aber sie sind nicht ganz einfach zu zeichnen. Kleidung soll schließlich nicht flach und platt aussehen. Sie bewegt sich mit dem Körper und hat darum Wellen und Falten. Für Ideen zu Kleidungsstücken und Accessoires kannst du dir die Galerie ab Seite 136 ansehen.

Kleidung

Wenn ein Körperteil gebeugt ist, bildet die Kleidung dort Falten. Das tut sie auch, wenn sie gekräuselt, gewickelt, eingeklemmt oder auf andere Weise bewegt wird. Achte beim Zeichnen von Falten darauf, dass die Grundform des Kleidungsstücks erhalten bleibt, und zeichne die Bereiche, die im Schatten liegen, etwas dunkler ein.

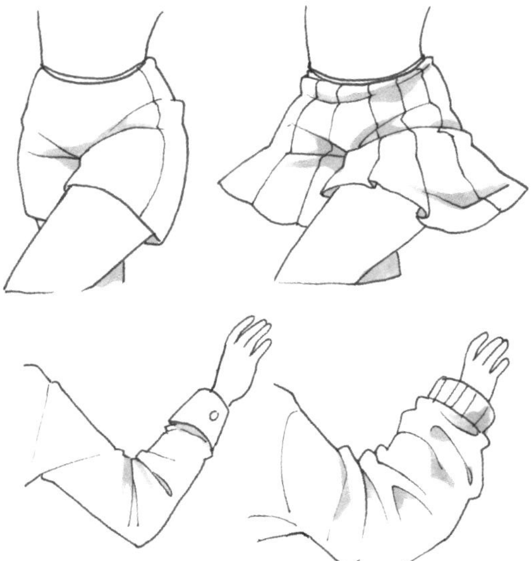

Falten können unterschiedlich aussehen. Das hängt davon ab, wie weich oder steif der Stoff ist, und wie er sich an den Körper anschmiegt.

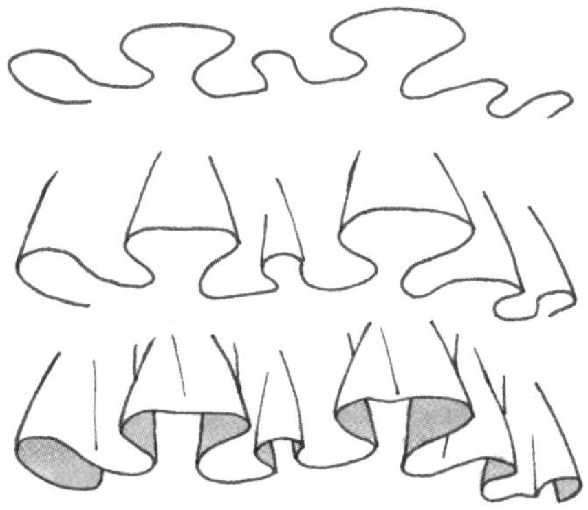

Hier siehst du die Reihenfolge, in der du am besten vorgehst, wenn du Falten oder Rüschen zeichnen willst.

Damit Hosenbeine nicht wie Schläuche aussehen, zeichnest du am besten die Nähte an den Seiten ein. Achte auch auf die Falten an den Knien und Knöcheln. Das Bein ist dort schmaler und der Stoff sitzt darum lockerer am Körper.

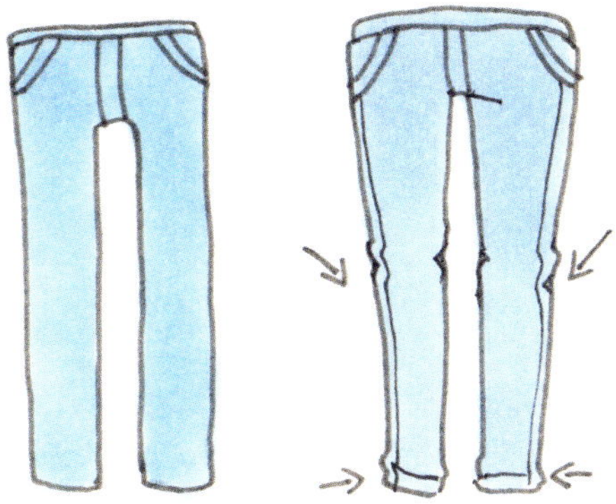

Kleidung wirkt realistischer, wenn du Saumöffnungen nicht gerade zeichnest, sondern in einem kleinen Bogen.

Bei einer offenen Jacke ist es nicht so leicht, sich vorzustellen, wie sie am Körper der Figur sitzt. Viel einfacher ist es, wenn du mit einer groben Grundform anfängst und erst danach Einzelheiten zeichnest. Hier habe ich zuerst die Glockenform skizziert und danach Details hinzugefügt.

Schuhe

Ähnlich wie beim Zeichnen von Füßen (siehe Seite 15), solltest du daran denken, dass Schuhe kein gerader, flacher Schlauch sind, die den Fuß bedecken. Jeder Schuh hat seine eigene Form.

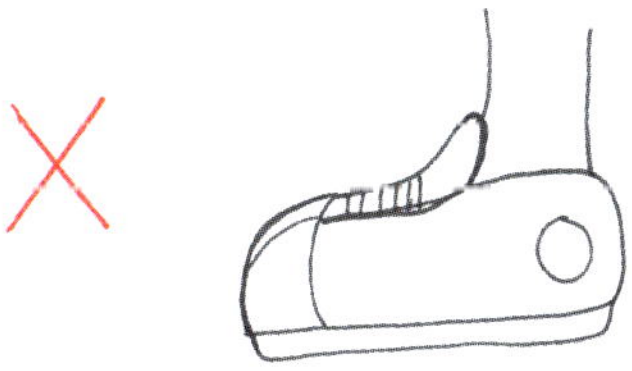

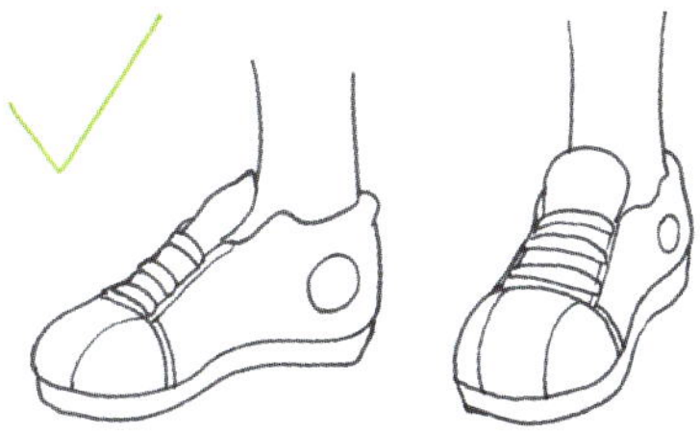

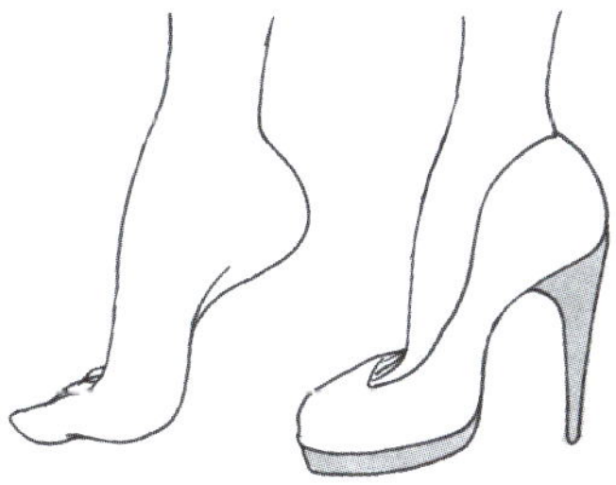

Bei Schuhen mit Absatz liegt der vordere Teil (Zehen) flach auf dem Boden und der Hacken wird durch den Absatz angehoben.

ZEICHENTECHNIKEN

Nachdem du nun weißt, wie man Manga-Figuren zeichnet, lernst du hier alles, damit sie richtig toll aussehen. In diesem Kapitel erfährst du, wie du deine Bleistiftskizzen ausarbeitest, wie du Konturen zeichnest und Figuren kolorierst, plus Tipps zu Schatten und Farbübergängen. Wenn du später einmal unsicher bist, kannst du immer in diesem Kapitel nachschlagen.

BLEISTIFTSKIZZEN UND SCHATTEN

Zeichne Skizzen nur mit leichtem Druck. Dann lassen sich Fehler leichter ausradieren und dein Stift hinterlässt keine Rillen im Papier. Wenn du viel radieren musst und dabei mit dem Radiergummi fest aufdrückst, kann es passieren, dass das Papier zerknittert. Das kannst du vermeiden, indem Daumen und Zeigefinger rechts und links von der Fehlerstelle auf das Papier setzt und etwas auseinanderdrückst. Dadurch wird das Papier gespannt und kann nicht verrutschen oder knittern. Dickeres Papier, z. B. in einem Skizzenbuch, zerknittert nicht so leicht.

Wenn du Schatten in deine Zeichnung einfügen möchtest, gibt es dafür folgende Techniken:

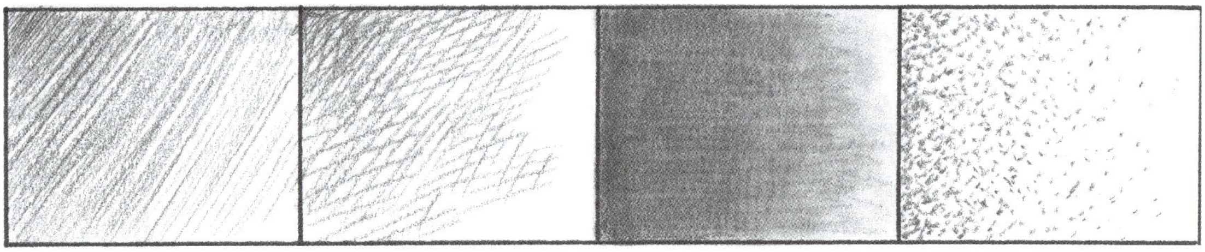

PARALLELSCHRAFFUR | KREUZSCHRAFFUR | VERWISCHEN/ VERBLENDEN | TÜPFELN

Wenn du eine Schraffur verwischst, verschwinden die Striche, aber der dunkle Schatten bleibt erhalten. Du kannst dafür einen speziellen Papierwischer (Estompen) oder ein Wattestäbchen benutzen.

Noch mehr Tipps zum Zeichnen mit Bleistift findest du auf Seite 39. Wenn du mehr über Schatten wissen möchtest, schau auf Seite 30 nach.

KONTUREN

Ich zeichne am liebsten mit glatten, sauberen Linien. Manchmal ist es jedoch gut die Art der Linien zu ändern, um Bewegung oder andere Effekte darzustellen.

Zeichnungen wirken ausdrucksstärker, wenn die Konturlinien nicht überall gleich dick sind. Verstärke Linien dort, wo sie mit anderen Linien kreuzen, wie Haarsträhnen, die aufeinandertreffen. Oder du verstärkst Linien, die wichtig sind, um sie hervorzuheben, wie Gesichtszüge oder Kleidung.

Konturen müssen nicht unbedingt schwarz sein. Probiere ruhig auch farbige Tuschestifte aus, die zu den Farben passen, mit denen du dein Motiv kolorieren willst.

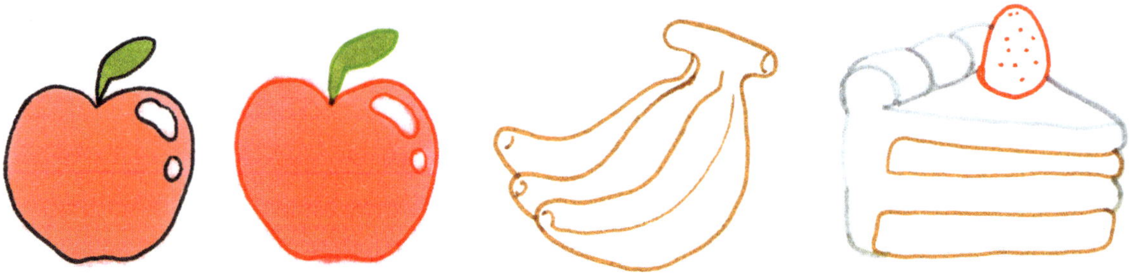

Noch mehr Tipps zu Konturen und Tuschestiften findest du auf Seite 47.

GRUNDFARBE

Wenn du deine Zeichnung mit der Hand kolorierst, solltest du die Farben zuerst auf einem Stück Schmierpapier ausprobieren. Denn wenn du sie erst einmal in deiner Zeichnung aufgetragen hast, lassen sie sich kaum noch entfernen. Nimm am besten ein leeres Blatt Papier und male Striche mit den Farbstiften, Watercolor-Farben oder mit beiden Seiten deiner Marker. Probiere auch Farbkombinationen aus, die du vielleicht benutzen möchtest. Sie sehen auf dem Papier oft anders aus, als wir es uns vorstellen. Schreibe dir genau auf, welche Stifte und Farben du verwendet hast, und bewahre dein Blatt Papier so auf, dass es nicht schmutzig oder nass werden kann. Eine Übersicht von Farbtönen findest du auf Seite 130.

Um einen Bereich deiner Zeichnung mit Farbe auszufüllen, fange immer an den Rändern an und arbeite dich nach innen vor. So vermeidest du, versehentlich über die Konturen hinaus zu malen.

Mehr über das Kolorieren mit Farbstiften kannst du auf Seite 61 nachlesen. Zum Kolorieren mit Markern findest du Tipps auf Seite 75, und zum Malen mit Watercolor-Farben auf Seite 117.

SCHATTIEREN

Die Schatten sind in Zeichnungen genauso wichtig wie die Farben. Erst durch die Schatten wirken deine Figuren dreidimensional. In diesem Abschnitt erfährst du die Grundlagen, um Schattenzeichnen zu verstehen. Tipps zum Schattieren mit Bleistift findest du auch auf Seite 26.

Lichtquelle

Ganz wichtig ist, zuerst die Lichtquelle festzulegen, denn ihre Position wirkt sich auf alle Teile deiner Zeichnung aus. Bei diesen Kugeln zeigt der blaue Pfeil an, von welcher Seite das Licht auf sie fällt.

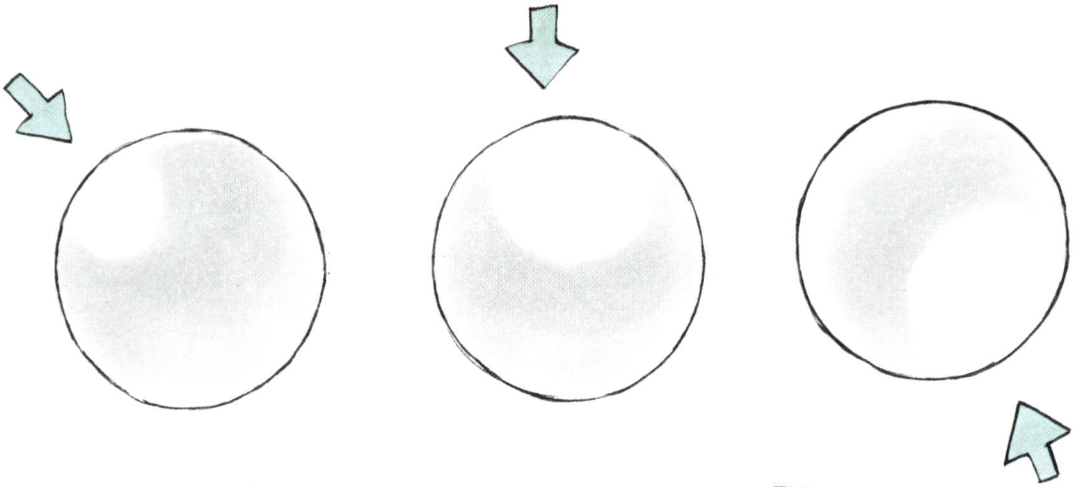

Der Bereich, auf den das Licht fällt, bleibt weiß. Ringsherum wird die Oberfläche etwas dunkler schattiert, weil sie nicht direkt im Licht liegt. Am dunkelsten ist die Schattierung in der Nähe des Lichtreflexes. Mit zunehmender Entfernung wird sie allmählich heller.

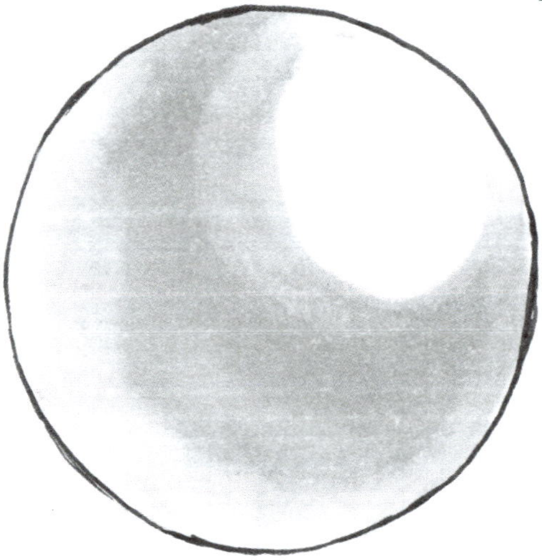

Schatten

Fällt Licht auf einen Gegenstand, wirft er einen Schatten auf den Hintergrund oder auf andere Gegenstände, die hinter ihm liegen. Diesen Schatten nennt man Schlagschatten. Die Form des Schlagschattens ergibt sich aus dem Gegenstand, der den Schatten wirft. Die Kugel wirft beispielsweise einen runden Schatten auf das dahinter liegende Rechteck. Der blaue Pfeil zeigt die Position der Lichtquelle.

Die Oberfläche eines Gegenstands beeinflusst, wie ein Schatten aussieht. Der Schatten auf den Haarsträhnen folgt dem Fall der Haare, und der Schatten auf dem Ärmel folgt den Falten im Stoff.

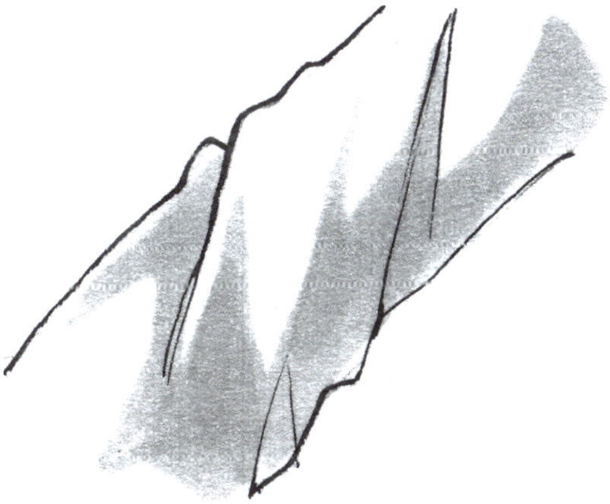

Farbenlehre – kurz und knapp

Dieser Farbkreis zeigt die wichtigsten Farben und sagt etwas über ihre Beziehungen aus. Farben, die sich gegenüber liegen, nennt man Komplementärfarben. Sie unterscheiden sich besonders stark, und wenn man sie nebeneinander malt, betonen sie sich gegenseitig.

Farben, die auf dem Farbkreis Nachbarn sind, haben Gemeinsamkeiten. Sie ergeben harmonische Kombinationen.

Grün, Blau und Violett sind kühle Farben. Rot, Gelb und Orange sind warme Farben. Wenn du Farben hervorheben möchtest, nimm beim Schattieren nicht einen dunkleren Ton derselben Farbe, sondern eine etwas dunklere kühle Farbe. Gelb ist eine Ausnahme: Auch Schatten mit warmen Farben sehen gut aus.

Hier habe ich weitere Kombinationen für Grundfarbe und Schattenfarbe zusammengestellt, die gut zusammenpassen.

GRUNDFARBE	SCHATTENFARBE
Rot	Rotviolett
Orange	Braun
Gelb	Orange, Rosa, Beige
Grün	Blaugrün
Blau	Violett
Violett	Indigo
Indigo	dunkles Violett
Pink	Violett
Braun	Violett
Weiß	Hellblau, Lavendel, vorherrschende Farbe der direkten Umgebung
Pastellfarben	hellere Töne der oben genannten Farben

Probiere ruhig auch andere Farbkombinationen aus und schau, welche Effekte sich ergeben. Wenn du beispielsweise ein herbstliches Motiv in Gelb und Orangetönen malst, sehen dazu Schatten in warmen Farben am besten aus.

FARBÜBERGÄNGE

Ob beim Mischen einer neuen Farbe oder beim Schattieren: Übergänge sollten möglichst fließend und nahtlos aussehen. Hier lernst du die richtige Technik für Marker, Farbstifte und Watercolor-Farben.

Farben mischen

Für eine größere Farbauswahl kannst du einfach neue Farben mischen. Wenn du mit Markern und Farbstiften zeichnest, mischst du auf dem Papier, indem du eine Farbe mit einer anderen (oder mehreren) übermalst. Rot, Blau und Gelb sind Primärfarben. Mischst du zwei von ihnen, bekommst du eine Sekundärfarbe (Orange, Grün, Violett). Aber du kannst auch andere Farben mischen. Wenn du keinen Stift in Seegrün hast, kannst du ein helles Blau und ein helles Grün übereinander auftragen.

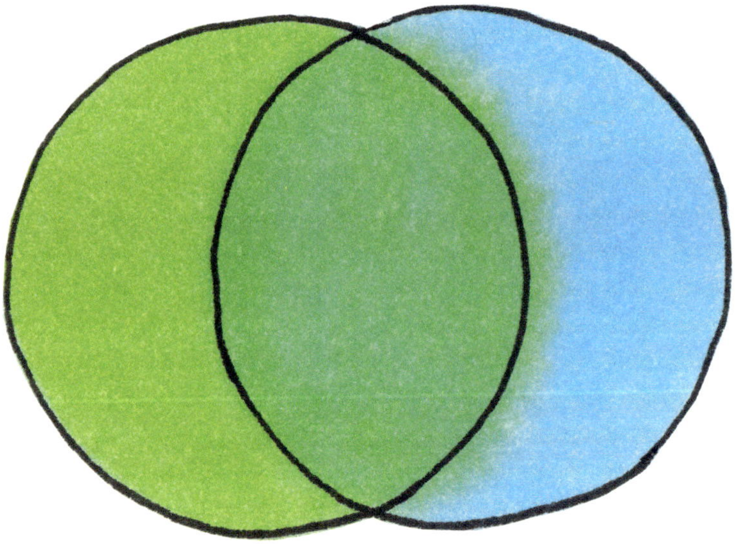

Farbstifte

Beginne bei Übergängen mit der dunkleren Farbe und übermale sie mit der helleren. Arbeite mit kreisförmigen Strichen und leichtem Druck, damit keine Rillen im Papier entstehen. Für einen ganz sanften Übergang arbeite die Stelle mit einem helleren Ton der Farbe oder bei Pastellfarben mit Weiß nach. Weiß hellt allerdings die darunter liegenden Farben zusätzlich auf.

Markerstifte

Beginne für einen Farbübergang mit der dunkleren Farbe. Dann wird in senkrechten Strichen mit der helleren Farbe übermalt – bei kreisförmigen Strichen kann die Farbe zerfließen. Spezielle transparente Marker, z. B. Copic Colorless Blender (0), sind praktisch, um zwei oder mehr helle Farben miteinander zu mischen. Weil sie aufhellen, eignen sie sich nicht so gut für dunkle Farben. Diese zwei Methoden gibt es für dunkle und leuchtende Farben:

- Beim Mischen einer dunklen Schattenfarbe mit einer hellen Grundfarbe, nimmst du die Grundfarbe als Blender.
- Beim Übergang zwischen zwei ähnlich Farbtönen, benutzt du beide Farben, aber die schwächere Farbe häufiger. Für einen Übergang zwischen Gelb und Grün wäre also Gelb dein überwiegender Blender, beim Übergang zwischen Rosa und Violett wäre es Rosa.

Watercolor

Mischungen und Übergänge gelingen mit Watercolor-Farben leicht, solange die Farbe nass ist. Ist eine Farbe schon angetrocknet, kann man sie mit etwas Wasser wieder anfeuchten, bevor man die neue Farbe hinzufügt. Ist dein Pinsel zu trocken, können die Flächen streifig werden. Darum halte ihn immer feucht. Mit kreisförmigen Strichen vermeidest du ebenfalls auffällige Streifen. Wenn die Farbe auf dem Pinsel zu wässerig ist, kannst du auch ein Wattestäbchen oder ein Stück Küchenpapier verwenden. Es saugt etwas Flüssigkeit auf, und beim Verwischen entsteht gleichzeitig eine Textur.

FARBVERLAUF

Von einem Farbverlauf spricht man, wenn eine Farbe allmählich heller oder dunkler wird. Arbeitest du mit zwei farblich unterschiedlichen Markern, füllst du zuerst die ganze Fläche mit der helleren Farbe aus. Danach wird sie nur im Bereich des Verlaufs mit der dunkleren übermalt. Im Übergangsbereich mit der helleren Farbe überblenden. Verwendest du drei oder mehr Farben, arbeitest du von Hell nach Dunkel, beginnst also mit der hellsten und übermalst sie nur in den Übergangsbereichen mit den anderen. Mit der hellsten Farbe nacharbeiten.

KORREKTUREN

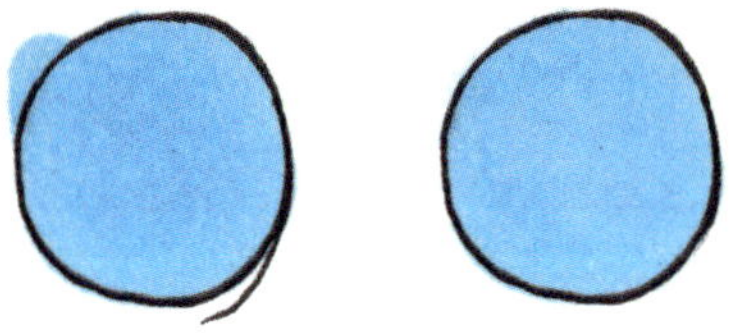

Huch – dir ist einen Fehler passiert. Du hast Konturen übermalt, oder dir ist mit dem Marker die Hand ausgerutscht. Strg+Z funktioniert auf dem Papier nicht. Was tun? Fehler auf weißem Papier lassen sich leicht beheben. Du kannst sie einfach mit einem weißen Gelstift oder weißer Acrylfarbe übermalen.

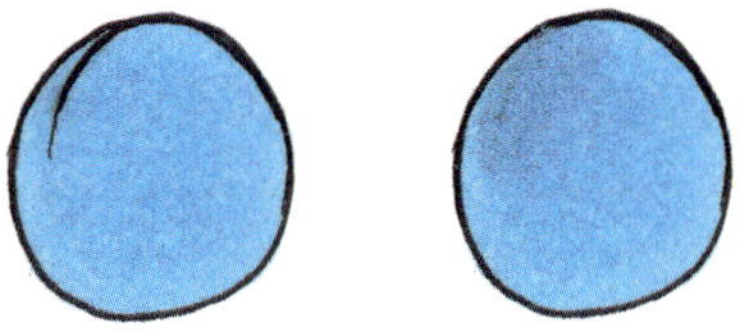

Wenn der Fehler auf einem farbigen Bildbereich liegt, ist er schwieriger zu beheben. Ist die Fläche einfarbig, kannst du versuchen, den Fehler mit einer passenden Acrylfarbe zu übermalen. Probiere die Farbe zuerst auf Schmierpapier aus, denn Acrylfarben sehen nach dem Trocknen oft etwas anders aus. Tupfe die Acrylfarbe mit einem Mini-Wattestäbchen vorsichtig auf den Fehler. Möglicherweise musst du zweimal tupfen, bis er verdeckt ist.

ACHTUNG, in einigen Fällen kann die Acrylfarben-Methode nicht helfen!

- Wenn der Fehler zu groß ist, wird die übermalte Stelle ins Auge fallen.
- Wenn der Bereich viele Details oder einen Farbverlauf enthält, können beim Übermalen neue Fehler entstehen, die das Bild verunstalten.

Denke daran, dass beim Zeichnen jedem mal Fehler passieren. Es ist auch in Ordnung, wenn du Fehler nicht korrigierst. Kleine Fehler sind ein Zeichen für Handarbeit und du kannst aus ihnen lernen.

GESUND UND MUNTER

Zeichnen macht Spaß und man kann dabei gut abschalten. Dein Wohlbefinden sollte allerdings an erster Stelle stehen. Du kannst besser zeichnen, wenn du gesund bist und gute Laune hast.

Ein gemütlicher Arbeitsplatz

Achte darauf, dass du in einem Raum mit frischer Luft und angenehmer Temperatur zeichnest. Tisch und Stuhl sollten die richtige Höhe haben. Wenn der Arbeitslatz zu niedrig ist, musst du lange krumm sitzen. Dadurch können dir Rücken und Nacken wehtun oder du kannst Kopfschmerzen bekommen. Am besten sind Möbel, die man in der Höhe verstellen kann. Notfalls kannst du auch einen breiten Karton unter deine Zeichnung legen.

Gutes Licht

Ich zeichne am liebsten bei Tageslicht. Abends oder an einem bewölkten Tag braucht man eine gute Lampe. Wenn es an deinem Arbeitsplatz zu dunkel ist, kannst du Kopfschmerzen bekommen oder deine Augen überanstrengen. Warmes Licht ist abends angenehmer für die Augen.

Zeichensport

Zeichnen ist ein wenig wie Sport. Achte darauf, nachts gut zu schlafen, damit du ausgeruht bist. Wichtig ist auch, dass du entspannt bist und genug trinkst.

Regelmäßige Pausen

Es ist nicht gut, zu lange still zu sitzen. Steh alle 30 Minuten auf, selbst wenn es dich von deiner Zeichnung ablenkt. Bewege dich ein bisschen, gehe einige Schritte und strecke dich.

Lockere Stifthaltung

Entspanne deine Hand und halte deine Zeichenwerkzeuge nicht zu fest. Ich habe nicht darauf geachtet und nun eine dauerhafte Schwiele am Finger. Wenn du zu lange zeichnest, kannst du auch Schmerzen oder Krämpfe bekommen. Falls es dir schwerfällt, den Stift locker zu halten, kann einen Stifthalter helfen.

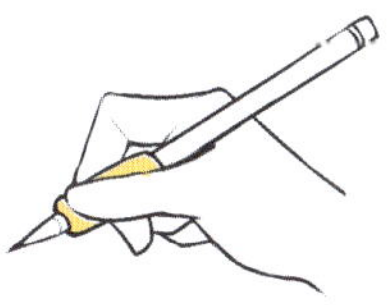

Figuren: Zeichnen mit Bleistift

TIPPS!

- Für saubere und genaue Striche solltest du einen harten Bleistift (H), nicht weicher als HB, verwenden. Weiche Bleistifte (B) verwischen leicht.
- Druckbleistifte zeichnen gleichmäßigere Striche als Holzbleistifte. Doch Holzbleistifte eignen sich besser zum Schattieren.
- Für Skizzen und Zeichnungen mit Bleistift eignet sich Papier mit einer rauen Oberfläche besser.
- Drücke nicht zu stark auf, sonst lassen sich die Striche schlecht ausradieren und hinterlassen Rillen im Papier. Wenn Striche sehr dunkel sein sollen, zeichne sie lieber mehrmals nach.
- Zum Schattieren gibt es verschiedene Techniken (siehe Seite 26 und 30).
- Nimm einen Papierwischer, um Parallel- oder Kreuzschraffuren zu verwischen (siehe Seite 27).
- Zeichne nie mit lösemittelhaltigen Makern (z. B. Copic Marker) über Bleistiftstriche.
- Noch mehr Tipps zum Zeichnen mit Bleistift findest du auf Seite 8 und 26.

SAMMY

Sammy ist ehrgeizig und weltoffen. Sie lernt gern neue Menschen kennen und hat viele Freunde. Allen versucht sie das Gefühl zu geben, dass sie ihr wichtig sind und sie für sie da ist. Röcke mag sie nicht, aber sie trägt sie trotzdem.

Material

- Aquarellpapier, 300 g/m², z. B. Canson XL Mix Media Papier
- Bleistift HB
- Plastikradiergummi in Weiß
- Knetradiergummi

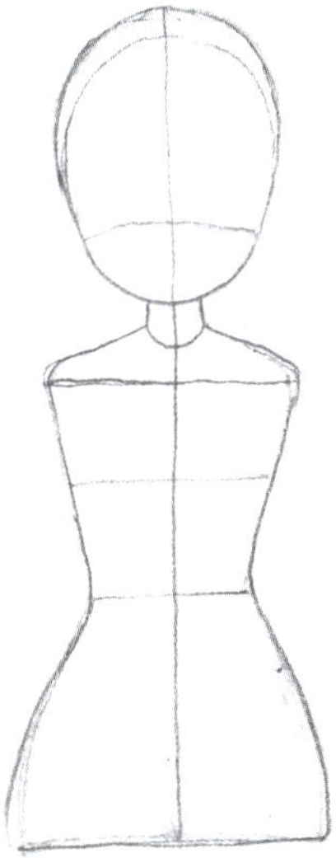

1 Zeichne mit dem Bleistift die Grundformen des Kopfs, Halses und des Oberkörpers vor. Sammy schaut nach vorn. Du kannst bei Bedarf Hilfslinien einfügen. Drücke nicht zu fest auf, weil du die Striche später ausradieren musst.

2 Zeichne Augen und Ohren auf gleicher Höhe ein. Füge Arme, Beine, Hände und Füße hinzu. Der rechte Arm ist angewinkelt, der linke Arm ist seitlich ausgestreckt.

3 Jetzt sind Haare und Kleidung dran. Sammys Haare sind schulterlang mit einem Pony. Sie trägt ein Shirt mit rundem Ausschnitt, das in einen kurzen Faltenrock mit Schleifengürtel gesteckt ist, dazu Kniestrümpfe, Schnallenschuhe, ein Halsband und ein Haarband. Du kannst für die Kleidung Teile der Hilfslinien ausradieren, wenn sie dich stören. Zeichne Sammy ein fröhliches Lächeln.

4 Unsere Skizze ist unordentlich. Entferne mit dem weißen Radiergummi die Hilfslinien so gut wie möglich. Radiere dann mit dem Knetradiergummi alle Striche, sodass sie nur noch ganz schwach zu sehen sind. Zeichne die Striche mit dem Bleistift neu sauber nach. Dabei kannst du Details ergänzen.

5 Zeichne Schraffuren für die Schatten auf den hinteren Haaren, am Shirt sowie an den Wangen, Augen, Haarband, Rock und Kniestrümpfen ein. Wenn es nötig ist, kannst du einige Schatten, z. B. auf Rock und Strümpfen, noch einmal abdunkeln. Deute zuletzt mit kurzen Strichen den Glanz der Haare an.

TAMMY

Tammy ist die jüngere Schwester von Sammy. Sie ist eher zurückhaltend, doch trägt gern auffällige Kleidung. Sie möchte so sein wie Sammy und schaut zu ihr auf, obwohl sie viel größer als ihre Schwester ist.

Material

- Aquarellpapier, 300 g/m², z. B. Canson XL Mix Media Papier
- Bleistift HB
- Plastikradiergummi in Weiß
- Knetradiergummi

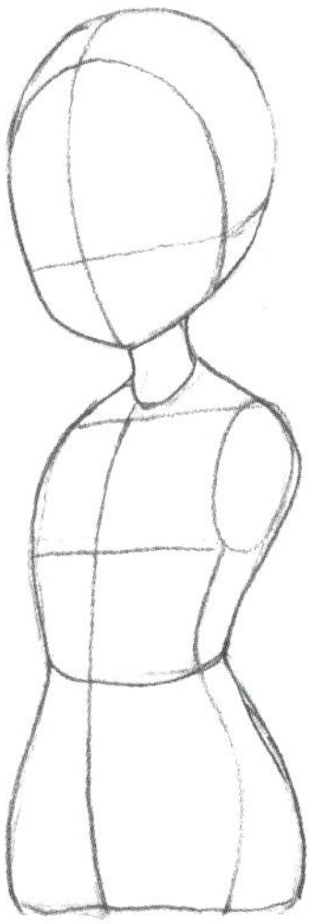

1 Zeichne mit Bleistift die Grundformen von Kopf, Hals und Rumpf ein. Du kannst Hilfslinien einfügen, wenn du möchtest. Tammys Kopf ist leicht geneigt und nach rechts gedreht, doch sie schaut uns an. Drücke nicht zu fest mit dem Bleistift auf, weil die Striche später wieder ausradiert werden.

2 Zeichne Augen und Ohren auf gleicher Höhe ein. Füge Arme, Beine, Hände und Füße hinzu. Tammy läuft. Sie setzt das linke Bein nach vorn, dabei schwingt ihr rechter Arm vor. Wenn du Schwierigkeiten mit den Armen und Beinen hast, kannst du Tammy zuerst als Strichfigur zeichnen und danach ausarbeiten.

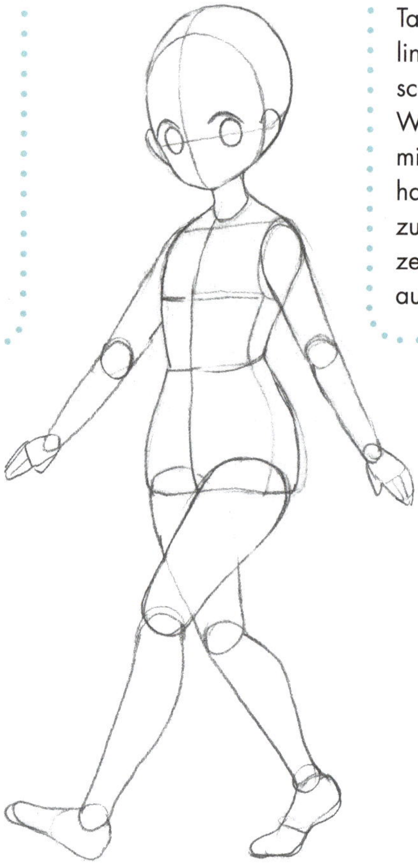

3 Jetzt sind Haare und Kleidung an der Reihe. Tammy hat lange, gestufte Haare mit Pony. Weil Sie läuft, wehen ihre Haare leicht nach hinten und auch die Haarschleife ist nach hinten geneigt. Sie trägt ein T-Shirt unter einer dünnen Jacke und einen Rock, dazu Overknee-Strümpfe und Slipper mit dicker Sohle. Der Rock wippt durch die Bewegung leicht nach oben. Wenn dich Hilfslinien beim Zeichnen der Kleidung stören, kannst du sie ausradieren. Tammys Gesichtsausdruck ist neutral.

4 Unsere Skizze ist unordentlich – Zeit für die Radiergummis. Entferne mit dem weißen Radiergummi die Hilfslinien so gut wie möglich. Radiere dann mit dem Knetradiergummi alle Striche, sodass sie nur noch ganz schwach zu sehen sind. Zeichne die Striche mit dem Bleistift neu sauber nach. Dabei kannst du zusätzliche Details ergänzen.

5 Zeichne Schraffuren für die Schatten auf den hinteren Haaren, dem Rock, der Haarschleife, dem T-Shirt und dem linken Strumpf. Weil das rechte Bein weiter entfernt ist, werden Schuh und Strumpf noch mal dunkler schraffiert. Deute zuletzt mit kurzen Strichen den Glanz der Haare an.

FIGUREN: IN SCHWARZ

TIPPS!

- Du kannst jeden beliebigen Fineliner verwenden, solange die Farbe wasserfest ist.
- Für die Zeichnungen in diesem Abschnitt habe ich schwarz verwendet, aber du kannst auch eine andere beliebige Farbe nehmen.
- Wenn du eine Linie an bestimmten Stellen ein zweites Mal nachziehst, bekommt sie mehr Tiefe und Volumen. Außerdem kannst du so wackelige Striche begradigen.
- Verwende für Parallel- oder Kreuzschraffuren keine Stifte, die schon fast leer sind. Es sieht unschön aus, wenn du diese Linien noch einmal nachzeichnen musst, weil es schwierig ist, die leichten, schnellen Striche vom Schraffieren zu wiederholen. Mehr zum Schattieren kannst du auf Seite 30 lesen.
- Ich zeichne gern auf rauem Papier. Für Tuschestifte empfehle ich jedoch glattes Papier, weil es darauf deutlich einfacher ist, gerade, saubere Striche zu zeichnen.
- Wenn du eine kleine Fläche ausmalen willst, nimm einen Fineliner mit einer 0,3 mm oder 0,5 mm Spitze und decke die Umgebung ab, damit du nicht über die Kontur hinausmalst.
- Selbst wasserfeste Tusche muss einen Moment trocknen. Darum arbeite, wenn du eine größere Fläche ausfüllst, in eine Richtung, in der du die Tusche nicht versehentlich mit der Hand verwischen kannst. Berührst du die feuchte Tusche, verteilst du sie schnell auf der ganzen Zeichnung.
- Mehr zu Tuschestiften und zur Technik kannst du auf Seite 9 und 27 lesen.

Lucy

Lucy ist ein Katzenmädchen, das die freie Natur liebt. Sie ist gern allein, um nachzudenken oder sich zu entspannen. Sie hat immer ein Buch dabei, hinter dem sie jedoch nur ihr Handy versteckt.

Material

- Aquarellpapier, 300 g/m², z. B. Canson XL Mix Media Papier
- Bleistift HB
- Plastikradiergummi in Weiß
- Knetradiergummi
- Fineliner in Schwarz, z. B. Sakura Pigma Micron 0,1 mm
- Pinselstift in Schwarz, z. B. Sakura Pigma Brush Pen

1 Zeichne mit dem Bleistift die Grundformen von Kopf und Hals sowie ein großes, auf dem Kopf stehendes U für den Rumpf. Du kannst gern Hilfslinien einzeichnen. Lucys Körper ist leicht nach rechts gedreht, ihr Kopf leicht nach unten geneigt, doch sie schaut uns an. Drücke nicht zu fest mit dem Bleistift auf, weil die Striche später ausradiert werden.

2 Zeichne die Augen ein. Skizziere das Buch als unvollständiges Rechteck und füge die Arme und die Hand hinzu, die das Buch locker halten, statt es zu umklammern. Die Beine sind nicht zu sehen. Zeichne nur den einfachen Faltenrock, der direkt unter den Armen anfängt.

3 Das Buch bekommt mit wenigen Strichen seine dreidimensionale Form. Dann folgen Haare und Kleidung. Lucy hat langes, glattes Haar mit einem Pony und seitlichen Strähnen. Sie trägt eine Schuluniform mit einer kurzärmeligen Bluse im Matrosenstil. Arbeite die Falten des Rocks weiter aus. Störende Hilfslinien kannst du gern ausradieren. Lucy hat einen ruhigen, aber überraschten Gesichtsausdruck. Vergiss die Katzenohren und den Schwanz nicht!

4 Unsere Skizze ist unordentlich – Zeit für die Radiergummis. Entferne mit dem weißen Radiergummi die Hilfslinien so gut wie möglich. Radiere dann mit dem Knetradiergummi alle Striche, sodass sie nur noch schwach zu sehen sind. Nun kannst du zusätzliche Details für Haare, Ohren, Gesicht, Augen und Kleidung hinzufügen.

5 Zeichne mit dem Fineliner die Konturen. Einige Striche solltest du etwas dicker nachziehen, z. B. an der Außenseite der einzelnen Haarsträhnen. Ich habe den Rocksaum mit einem Streifen verziert und einen gezackten Lichtreflex eingezeichnet. Sobald die Tusche getrocknet ist, radierst du die Bleistiftstriche mit dem weißen Radiergummi vollständig aus.

6 Färbe mit dem Pinselstift das Innere der Ohren, den Kragen, die Ärmelstreifen und den Rock schwarz. Der Streifen am Rock und der Lichtreflex bleiben weiß. Mit Schraffuren die Schatten und Details auf den hinteren Haaren, am Ärmel und auf dem Streifen am Rock ausarbeiten. Zeichne kurze Striche für die Wangen und den Glanz der Haare ein.

PAM

Pam sieht alles ganz locker. Sie geht gern schwimmen oder joggen, hat aber auch nichts dagegen, zu Hause zu faulenzen. Zwischen Freizeit und Pflichten hat sie ein gutes Gleichgewicht gefunden.

Materials

- Aquarellpapier, 300 g/m², z. B. Canson XL Mix Media Papier
- Bleistift HB
- Plastikradiergummi in Weiß
- Knetradiergummi
- Fineliner in Schwarz, z. B. Sakura Pigma Micron 0,1 mm
- Pinselstift in Schwarz, z. B. Sakura Pigma Brush Pen
- Copic Marker: Toner Gray No. 1 (T1) – für dunklere Hautfarben empfehle ich ein warmes oder neutrales Grau

1 Zeichne mit dem Bleistift die Grundformen von Kopf und Hals sowie ein großes, auf dem Kopf stehendes U für den Rumpf. Du kannst gern Hilfslinien einzeichnen. Pams Körper ist leicht nach rechts gedreht, und sie lehnt sich etwas nach hinten. Sie schaut uns an. Drücke nicht zu fest mit dem Bleistift auf, weil die Striche später ausradiert werden.

2 Zeichne Augen und Ohren auf einer Linie ein. Arbeite Brust und Oberarme genauer aus. Die Arme hängen nicht herab, sondern liegen dicht am Körper.

3 Nun folgen Haare und Kleidung. Pam hat einen langen, vollen, hohen Pferdeschwanz mit Pony und losen Strähnen. Sie trägt ein Top mit einem Herz. Störende Hilfslinien kannst du schon ausradieren. Ihr Gesichtsausdruck ist neutral mit gespitzten Lippen, als ob sie pfeifen würde.

4 Unsere Skizze ist unordentlich – Zeit für die Radiergummis. Entferne mit dem weißen Radiergummi die Hilfslinien so gut wie möglich. Radiere dann mit dem Knetradiergummi alle Striche, sodass sie nur noch schwach zu sehen sind. Nun kannst du zusätzliche Details für Haare, Gesicht, Augen, Brust und Kleidung hinzufügen.

5 Zeichne mit dem Fineliner die Konturen. Einige Striche solltest du etwas dicker nachziehen, z. B. an der Außenseite der Haarsträhnen. Ich habe auf den Haaren Lichtreflexe eingefügt. Die Flächen sehen aus wie die Buchstaben M, W, V und N als Bubble Buchstaben. Das ist gut zu merken und einfach zu zeichnen. Auch am Top habe ich einen Lichtreflex eingezeichnet. Sobald die Tusche getrocknet ist, radierst du die Bleistiftstriche mit dem weißen Radiergummi vollständig aus.

6 Koloriere die Haut mit dem Toner Gray No. 1 (T1), lass dabei das Weiße der Augen frei. Male Haare und Top mit dem schwarzen Pinselstift aus und lass dabei die Lichtreflexe weiß. Zeichne um das Gesicht herum noch einige lockere Haarsträhnen mit dem Fineliner ein, damit die Frisur interessanter aussieht. Zuletzt schraffierst du das Herz auf dem Top und mit einer Kreuzschraffur die Augen.

ASH

Ash mag es nicht, herumgeschubst zu werden! Er liebt Katzen und wie sie hat er keine Angst, sich zu wehren, wenn er geärgert wird. In dem Fall solltest du dich einfach langsam zurückziehen, dann wird alles gut. Wahrscheinlich.

Material

- Aquarellpapier, 300 g/m², z. B. Canson XL Mix Media Papier
- Bleistift HB
- Plastikradiergummi in Weiß
- Knetradiergummi
- Fineliner in Schwarz, z. B. Sakura Pigma Micron 0,1 mm
- Pinselstift in Schwarz, z. B. Sakura Pigma Brush Pen
- Gelstift in Weiß, z. B. Sakura Gelly Roll 08

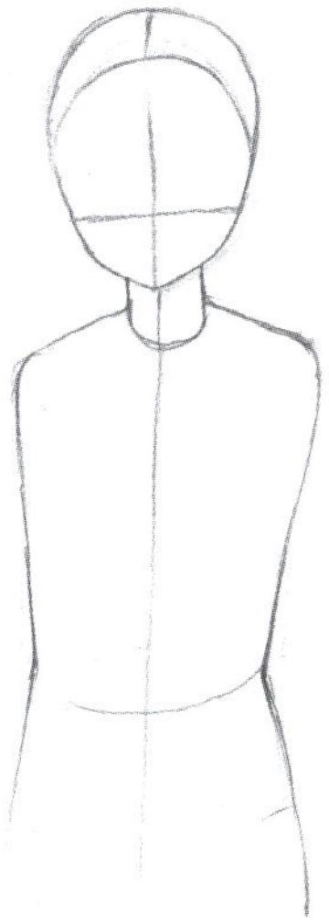

1 Zeichne mit dem Bleistift die Grundformen von Kopf, Hals und Torso ein. Du kannst Hilfslinien einfügen, wenn du möchtest. Ash schaut dich an. Drücke nicht zu fest mit dem Bleistift auf, weil die Striche später ausradiert werden.

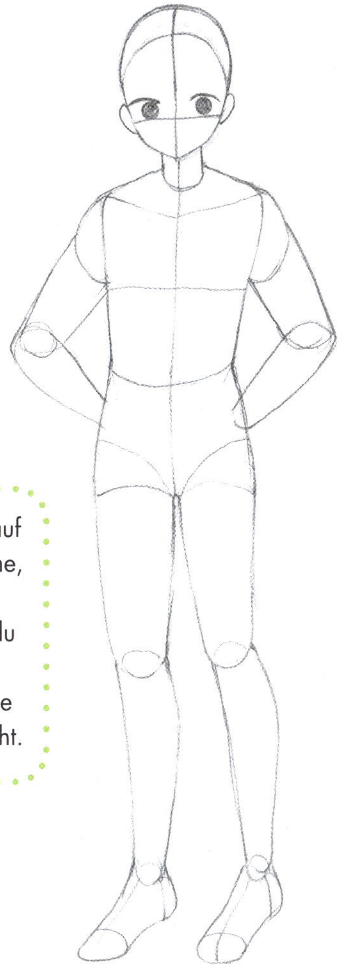

2 Zeichne Augen und Ohren auf gleicher Höhe ein. Füge Arme, Beine und Füße hinzu. Die Hände stecken in Taschen, darum kannst du sie weglassen. Obwohl sein Oberkörper uns zugewandt ist, sind Füße und Beine leicht nach rechts gedreht.

3 Jetzt sind Haare und Kleidung dran. Ash hat strubbelige Haare, die er sich mit einem Schweißband aus dem Gesicht hält. Er trägt einen Kapuzenpulli über einem T-Shirt, dazu eine Jogginghose und Turnschuhe. Kapuzenpullis zeichne ich gern ein bisschen zu groß. Dieser hat außerdem weite Ballonärmel. Störende Hilfslinien kannst du gern ausradieren. Ash hat einen leicht genervten Gesichtsausdruck und macht gerade eine Kaugummiblase.

4 Unsere Skizze ist unordentlich – Zeit für die Radiergummis. Entferne mit dem weißen Radiergummi die Hilfslinien so gut wie möglich. Radiere dann mit dem Knetradiergummi alle Striche, sodass sie nur noch schwach zu sehen sind. Füge jetzt weitere Details der Haare, der Augen und der Kleidung hinzu, wie das Katzenmotiv auf der Bauchtasche und an den Schuhen sowie die Falten auf den Ärmeln. Vergiss das Glanzlicht auf der Blase nicht!

5 Zeichne mit dem Fineliner die Konturen. Einige Striche solltest du etwas dicker nachziehen, z. B. an der Außenseite der einzelnen Haarsträhnen. Ich habe an der linken Seite der Hosenbeine schmale Lichtreflexe eingefügt. Du kannst sie auch später mit einem weißen Gelstift einzeichnen.
Sobald die Tusche ganz getrocknet ist, radierst du die Bleistiftstriche mit dem weißen Radiergummi vollständig aus.

6 Färbe mit dem Pinselstift Haarband, T-Shirt und Hose ein. Lass dabei die Streifen auf dem Haarband und der Hose und die Lichtreflexe weiß. Zeichne zuletzt mit dem weißen Gelstift einen feinen Strich für die Naht innen am rechten Hosenbein.

JULIE

Julie geht gern an den Strand und sitzt in der Sonne. Sie findet das Meer sehr beruhigend, und es stört sie gar nicht, wenn ihre Kleider und Schuhe mit der Zeit voller Sand sind.

Material

- Aquarellpapier, 300g/m², z. B. Canson XL Mix Media Papier
- Bleistift HB
- Plastikradiergummi in Weiß
- Knetradiergummi
- Fineliner in Schwarz, z. B. Sakura Pigma Micron 0,1 mm
- Pinselstift in Schwarz, z. B. Sakura Pigma Brush Pen

1 Zeichne mit Bleistift die Grundformen von Kopf und Hals sowie eine geschwungene Form für den Rumpf. Du kannst ruhig Hilfslinien einzeichnen. Julie sitzt und schaut nach rechts. Markiere, wo der linke Arm sein wird. Die zentrale Hilfslinie zeigt die genaue Mitte des Rumpfs, wenn du ihn von der Seite siehst. Drücke nicht zu fest mit dem Bleistift auf, weil die Striche später ausradiert werden.

2 Arbeite die Kopfform genauer aus. Zeichne Augen und Ohr auf gleicher Höhe ein. Füge dann Arme, Beine, Hände und Füße hinzu. Die linke Hand liegt auf dem Boden, die Beine sind angewinkelt.

3 Jetzt sind Haare und Kleidung dran. Julie hat sehr lange Haare mit einigen kürzeren Strähnen. Die langen Haare reichen bis auf den Boden und breiten sich um Julie aus. Sie trägt ein Top, Shorts und Sandalen. Wenn dich Hilfslinien beim Zeichnen stören, kannst du sie ausradieren. Julie hat einen nachdenklichen Gesichtsausdruck.

4 Unsere Skizze ist unordentlich – Zeit für die Radiergummis. Entferne mit dem weißen Radiergummi die Hilfslinien so gut wie möglich. Radiere dann mit dem Knetradiergummi alle Striche, sodass sie nur noch schwach zu sehen sind. Dann kannst du Details an Haaren, Ohr, Kleidung und Körper einzeichnen. Da die Beine gebeugt sind, solltest du die Knie- und Knöchelgelenke andeuten. Vergiss nicht die beiden Armreifen am linken Handgelenk!

5 Zeichne mit dem Fineliner die Konturen. Einige Striche solltest du nachziehen, z. B. die Außenseite der Haarsträhnen. Sobald die Tusche komplett getrocknet ist, radierst du die Bleistiftstriche mit dem weißen Radiergummi vollständig aus.

6 Male mit dem Pinselstift die Haare im Schatten, die Shorts und die Sandalen aus, aber lass die Streifen weiß. Benutze Kreuzschraffuren für die Schatten am rechten Arm und am rechten Oberschenkel. Deute zuletzt mit kurzen Strichen den Glanz der Haare an.

FIGUREN:
KOLORIEREN MIT FARBSTIFTEN

TIPPS!

- Ich habe für die folgenden Zeichnungen Prismacolor-Buntstifte verwendet. Du kannst aber auch Stifte von anderen Herstellern verwenden oder die Motive mit ganz anderen Farben kolorieren. Auf Seite 34 findest du Tipps zum Mischen von Farben und auf Seite 33 zum Schattieren mit Farben.
- Halte immer einen Anspitzer bereit, denn mit spitzen Stiften zeichnet es sich deutlich besser.
- Probiere Papier in anderen Farben aus. Viele Mangaka arbeiten mit Farbstiften gern auf hellbraunem Papier, weil darauf die hellen Farben besser zu sehen sind.
- Wenn Farben besonders kräftig und gleichmäßig aussehen sollen, drücke nicht stärker auf, sondern übermale die Fläche mehrmals. Wenn schon Farbe auf dem Papier ist, gleitet dein Farbstift auch besser.
- Wenn du auf strukturiertem Papier zeichnest, dann koloriere mit kreisenden Bewegungen, so kannst du Ecken gleichmäßiger färben.
- Striche von Farbstiften lassen sich mit einem Radiergummi aufhellen. Versuche aber nicht, sie ganz auszuradieren, weil sie dabei verwischen können. Dann entstehen Streifen, die sich nicht mehr entfernen lassen. Radiere darum sowohl Farbstift- als auch Bleistiftlinien immer ganz vorsichtig und fege vorher alle Krümel sorgfältig vom Papier.
- Versuche einmal, verschiedene Techniken zu mischen. Ich verwende z. B. gerne Marker als Grundfarbe und übermale sie mit Buntstiften, für Schattierungen oder Farbverläufe.
- Weitere Tipps zum Zeichnen mit Farbstiften findest du auf Seite 9 und 34.

LORA

Lora ist ein Hasenmädchen. Sie sitzt gerne im Gras und beobachtet Schmetterlinge und Käfer. Jeder weiß, dass Karotten gut für die Augen sind. Lora hat so viele gegessen, dass sie wahre Adleraugen hat. Nur direkt in die Sonne schauen, kann sie nicht.

Material

- Aquarellpapier, 300 g/m², z. B. Canson XL Mix Media Papier
- Bleistift HB
- Plastikradiergummi in Weiß
- Knetradiergummi
- Fineliner in Schwarz, z. B. Sakura Pigma Micron 0,1 mm
- Pinselstift in Schwarz, z. B. Sakura Pigma Brush Pen
- Farbstifte, z. B. Prismacolor: Light Peach (927), Goldenrod (1034), Lilac (956), Light Cerulean Blue (904), Black (935), Pink (929), Tuscan Red (937), Violet (932), White (938), Cream (914), Violet Blue (933)

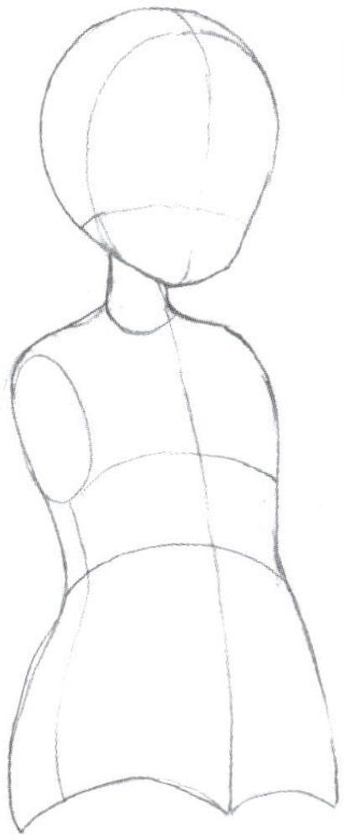

1 Zeichne mit dem Bleistift die Grundformen von Kopf, Hals und Rumpf. Du kannst bei Bedarf Hilfslinien einfügen. Lora sitzt leicht nach links gedreht, doch sie sieht uns an. Drücke nicht zu fest mit dem Bleistift auf, weil die Striche später ausradiert werden.

2 Zeichne Augen, Ohren und Schwänzchen, dann Arme, Beine und Füße. Die Hände sind von den Beinen verdeckt, darum brauchst du sie nicht zu zeichnen. Die Beine sind angewinkelt.

3 Nun sind Haare und Kleidung dran. Lora hat einen tiefen Dutt mit lockeren, lockigen Strähnen um das Gesicht. Sie trägt ein Top, eine Strickjacke, Leggings und Turnschuhe. Hilfslinien, die beim Zeichnen der Kleidung stören, kannst du ausradieren. Lora hat einen fröhlichen Gesichtsausdruck, und ihre Augen leuchten.

4 Unsere Skizze ist unordentlich – Zeit für die Radiergummis. Entferne mit dem weißen Radiergummi die Hilfslinien so gut wie möglich. Radiere dann mit dem Knetradiergummi alle Striche, sodass sie nur noch schwach zu sehen sind. Dann kannst du Details einzeichnen.

5 Zeichne mit dem Fineliner die Konturen. Einige Striche solltest du etwas dicker nachziehen, z. B. die Außenseite der Haarsträhnen. Male mit dem Pinselstift die Streifen aufs Top und färbe die Leggings, doch lass den Streifen an der Seite weiß. Sobald die Tusche getrocknet ist, radierst du die Bleistiftstriche mit dem weißen Radiergummi vollständig aus.

6 Nun folgen die Grundfarben. **Haut:** Light Peach (927), das Weiße der Augen wird ausgespart. **Haare, Ohren (außen) und Schwanz:** Goldenrod (1034), die Glanzlichter im Haar bleiben weiß. Die Flächen sehen aus wie die Buchstaben M, W, V und N als Bubble Buchstaben. Das ist gut zu merken und einfach zu zeichnen. **Augen:** Lilac (956) für die obere Hälfte und Light Peach (927) für die untere Hälfte. **Jacke und Schuhe:** Light Cerulean Blue (904). **Top und Leggings:** Male mit Lilac (956) und Light Cerulean Blue (904) Lichteffekte auf dem schwarzen Stoff. Nimm Black (935), um die weißen Streifen auf Shirt und Leggings sowie die weißen Schuhsohlen und die Schnürsenkel mit leichten Schraffuren zu schattieren.

7 Jetzt sind die Schatten an der Reihe. **Haut:** Pink (929) am Haaransatz und auf Wangen, Hals, Schultern, Brust und Knöchel. **Haare, Ohren (außen) und Schwanz:** Tuscan Red (937). **Augen, Jacke und Schuhe:** Violet (932) für die obere Hälfte der Augen, die Falten und die Schatten auf der Jacke und die Schatten auf Laschen und Fersen der Schuhe. Vergiss die dunklen Pupillen in den Augen nicht.

8 Zuletzt werden die Farben gemischt und verblendet. Je nach Grundfarbe brauchst du dafür verschiedene Farben. **Haut, Augen, Jacke, Schuhe und weiße Streifen von Top und Leggings:** White (938). **Haare, Ohren und Schwanz:** Cream (914). **Leggings (schwarze Fläche):** Black (935). Ergänze nun noch etwas Light Cerulean Blue (904) in den Schattenbereichen der Haare und etwas Rosa auf der Jacke und den Schuhen, um sie zum Strahlen zu bringen. Zeichne einige Umrisse mit Violet (932) und Violet Blue (933) nach und füge Parallelschraffuren auf Schuhen und Ärmeln ein. Gib zum Schluss etwas Light Cerulean Blue (904) unter die Augen und in den oberen Bereich der Iris.

JESS

Jess liebt riesige, flauschige Pullover und Pastellrosa. Deshalb sieht man sie fast nie ohne ihren rosa Lieblingspulli. Doch manchmal macht es sie traurig, dass niemand sehen würde, wenn sie ein schönes T-Shirt trägt.

Material

- Aquarellpapier, 300 g/m², z. B. Canson XL Mix Media Papier
- Bleistift HB
- Plastikradiergummi in Weiß
- Knetradiergummi
- Fineliner in Violett, z. B. Sakura Pigma Micron 0,1 mm
- Pinselstift in Schwarz, z. B. Sakura Pigma Brush Pen
- Farbstifte, z. B. Prismacolor: Sienna Brown (945), Lilac (956), Light Cerulean Blue (904), Deco Peach (1013), Indigo Blue (901), Pink (929), White (938), Cream (914), Violet (932), Violet Blue (933)

1 Zeichne mit dem Bleistift die Grundformen des Kopfes, des Halses und des Oberkörpers. Füge bei Bedarf Hilfslinien hinzu. Jess ist leicht nach rechts gewandt, doch sie schaut uns an. Drücke nicht zu fest mit dem Bleistift auf, weil die Striche später ausradiert werden.

2 Zeichne Augen und Ohren auf gleicher Höhe ein. Mit dem linken Auge zwinkert sie. Ergänze die Arme und Hände.

3 Nun sind Haare und Kleidung an der Reihe. Jess hat einen wuscheligen Bob mit Pony und ein Haarband mit einer Schleife. Sie trägt einen schulterfreien Pullover, der in einen Rock gesteckt ist. Störende Hilfslinien kannst du gerne schon ausradieren. Ihr Gesichtsausdruck ist verschmitzt. Ihr rechtes Auge glänzt, und auf Wangen und Nase hat sie Sommersprossen.

4 Unsere Skizze ist unordentlich – Zeit für die Radiergummis. Entferne mit dem weißen Radiergummi die Hilfslinien. Radiere dann mit dem Knetradiergummi alle Striche, sodass sie nur noch schwach zu sehen sind. Füge Details an Haaren, Gesicht, Augen, Ohren und Kleidung hinzu.

5 Zeichne mit dem Fineliner die Konturen. Einige Striche etwas dicker nachziehen, z. B. an der Außenseite der einzelnen Haarsträhnen. Sobald die Tusche getrocknet ist, radierst du die Bleistiftstriche mit dem weißen Radiergummi aus.

6 Nun folgen die Grundfarben. **Haut:** Sienna Brown (945), aber das Weiße im rechten Auge aussparen. **Haare:** Weiß wie das Papier. Unterseite, Spitzen und die Schatten am Haarband werden mit Lilac (956) gefärbt. **Auge:** Male die ganze Iris mit Light Cerulean Blue (904) und übermale die obere Hälfte dann mit Lilac (956). **Pullover und Haarband:** Deco Peach (1013). **Rock:** Indigo Blue (901) – es ist ein Jeansrock.

7 Jetzt sind die Schattenfarben dran, bevor es ans Verblenden geht. **Haut, Haare, Pullover und Haarband:** Pink (929). **Rock:** Light Cerulean Blue (904).

8 Nun werden die Farben gemischt und verblendet. Je nach Grundfarbe brauchst du dafür verschiedene Farben. **Haut:** Deco Peach (1013). **Haare und Augen:** White (938). **Pullover und Haarband:** Cream (914). **Rock:** Violet (932). Füge danach noch Schatten auf Pullover und Haarband mit Light Cerulean Blue (904) ein und male das Haarband mit Pink (929) nach, falls es beim Überblenden zu blass geworden ist. Gib etwas Pink (929) auf das rechte Auge und die rechte Seite des Rocks. Nimm Cream (914), um Teile der Haare aufzuhellen. Zuletzt zeichnest du mit Violet Blue (933) die Pupille und ziehst einige Konturen nach, um sie zu betonen.

CELESTE

Celeste ist eine menschliche Gestalt aus einer fernen Galaxie, die vierzigtausend Lichtjahre entfernt ist. Doch Celeste kann sich zu jedem Punkt des bekannten Universums beamen. Im Mai 2003 kam Celeste auf der Suche nach einem bewohnbaren Planeten zur Erde, um sie zu erobern. Ein Scherz – Celeste will nur chillen.

Material

- Aquarellpapier, 300 g/m², z. B. Canson XL Mix Media Papier
- Bleistift HB
- Plastikradiergummi in Weiß
- Knetradiergummi
- Farbstifte, z. B. Prismacolor: Sienna Brown (945), Violet (932), Light Peach (927), Canary Yellow (916), Light Cerulean Blue (904), Violet Blue (933), Lilac (956), Mulberry (995), Pink (929), Peach (939), Deco Peach (1013), White (938), Cream (914)

1 Zeichne mit dem Bleistift die Grundformen von Kopf und Hals und eine offene Raute für die Schultern. Du kannst Hilfslinien einzeichnen. Die Form der Schultern ist nicht so wichtig, weil sie später von einem Matrosenkragen verdeckt wird. Celeste neigt sich nach rechts. Drücke nicht zu fest mit dem Bleistift auf, weil die Striche später ausradiert werden.

2 Füge Augen und Ohren auf gleicher Höhe ein. Die Augen sind bei Celeste geschlossen. Dafür zeichnest du einfach zwei Bögen. Skizziere für den Kragen eine V-Form in die Mitte des Brustkorbs.

3 Nun sind die Haare an der Reihe. Celeste hat langes, gewelltes Haar mit einem seitlichen Pony. Achte darauf, dass alle Haare in die gleiche Richtung wehen. Celestes Gesichtsausdruck ist ruhig und verträumt. Vergiss nicht, an jedem Auge einige dicke Wimpern einzuzeichnen.

4 Unsere Skizze ist unordentlich – Zeit für die Radiergummis. Entferne mit dem weißen Radiergummi die Hilfslinien. Radiere dann mit dem Knetradiergummi alle Striche, sodass sie nur noch schwach zu sehen sind. Nun kannst du Details an Haaren und Matrosenkragen einzeichnen. Ergänze kleine, vierzackige Sternchen.

5 Bei dieser Zeichnung habe ich die Konturen mit Farbstift statt mit Fineliner gezeichnet. Benutze Sienna Brown (954) für alle Bereiche der Haut, Teile des Gesichts und die Sternchen. Zeichne die restlichen Linien mit Violet (932) nach. Achte darauf, fest aufzudrücken. Wenn du fertig bist, fege alle kleinen Farbkrümel sorgfältig weg. Radiere dann mit dem weißen Radiergummi vorsichtig die Bleistiftstriche aus. Vermeide dabei die Farbstiftlinien, so gut es geht.

6 Nun folgen die Grundfarben. **Haut:** Light Peach (927). **Matrosenkragen und Sternchen:** Canary Yellow (916), der Streifen am Kragen bleibt weiß. **Haare:** Die Haare bekommen einen Farbverlauf. Sie sind an den Spitzen dunkler, um das Gesicht heller und oben auf dem Kopf weiß. Arbeite dich dafür von den Spitzen zum Gesicht in dieser Reihenfolge vor: Light Cerulean Blue (904), Violet Blue (933), Lilac (956), Mulberry (995), Pink (929) und zum Schluss Peach (939).

7 Nun folgen die Schattenfarben. **Haut:** Pink (929) für die geröteten Wangen und die Schattierungen am Haaransatz, unter den Augen und am Hals. **Matrosenkragen:** Deco Peach (1013) für den Schatten auf beiden Seiten im Schulterbereich des Kragens. **Haare:** Nimm White (938) als Blender, um weiche Übergänge zwischen den verschiedenen Farben zu erzeugen.

8 Jetzt werden die Farben gemischt und verblendet. Je nach Grundfarbe brauchst du dafür verschiedene Farben. **Haut:** White (938). **Matrosenkragen:** Cream (914). Zum Abschluss färbst du die hinten liegenden Haare im Schatten mit Light Cerulean Blue (904) ein und nimmst White (938) für einen wei-chen Übergang zum blauen Teil. Schattiere die Haut unter dem Pony und am oberen Hals mit Light Cerulean Blue (904). Zeichne dann blasse Konturen von Augen und Haaren mit Pink (929) und Violet Blue (933) nach. Etwas Pink (929) oben an den Haaren lässt sie leuchten.

FIGUREN:
KOLORIEREN MIT MARKERSTIFTEN

TIPPS!

- Für die folgenden Zeichnungen habe ich Copic-Marker verwendet. Du kannst auch andere Marker auf Alkoholbasis verwenden und die Farben nach deinem Geschmack verändern. Auf Seite 32 bis 34 und 130 findest du Tipps zum Mischen von Farben und Empfehlungen für passende Farben zum Schattieren.
- Wenn du ein Skizzenbuch verwendest, lege immer ein Stück Papier unter die Seite, auf der du gerade arbeitest. Die Markertinte kann durch das Papier dringen, vor allem, wenn du mehrere Schichten aufträgst. Und es wäre doch schade, wenn dadurch ein fertiges Bild verunstaltet würde.
- Achte darauf, dass mit Tinte gemalte Konturen vollständig trocken sind, bevor du mit dem Marker kolorierst. Die Trocknungszeiten können je nach Marke und Farbton unterschiedlich sein. Lass Schwarz, Grau und Braun mindestens eine Stunde trocknen. Grün, Rot, Gelb und Orange sollten mindestens zwei Stunden trocknen, Blau, Violett und Rosa mindestens 4 Stunden (besser über Nacht). Am besten probierst du die Trocknungszeiten deiner Stifte zuerst aus.
- Radiere alle Bleistiftstriche sorgfältig aus, bevor du anfängst, mit Markern zu kolorieren. Wenn Bleistiftlinien mit dem Marker in Berührung kommen, verschmieren sie und verschmutzen den Marker.
- Wenn deine Zeichnung fleckig aussieht, trage eine weitere Schicht Farbe auf. Viele Marker-Farben sehen kräftiger und gleichmäßiger aus, wenn sie doppelt aufgetragen werden.
- In den letzten drei Anleitungen in diesem Kapitel geht es um Schattierungen. Weiche, fließende Schatten (siehe Seite 104) passen gut zu Pastellfarben. Harte Schatten (siehe Seite 108) zeichnest du mit klar erkennbaren Konturen. Dramatische Schatten (siehe Seite 112) eignen sich gut für Zeichnungen mit einer starken Lichtquelle.
- Weitere Tipps zum Kolorieren mit Markern findest du auf Seite 10 und 35.

LISA

Lisa mag weder den Winter noch den Sommer, aber sie arrangiert sich. Im Winter macht sie es sich gemütlich und trinkt heiße Schokolade mit Marshmallows. Im Sommer setzt sie sich unter einen Ventilator und trinkt kühle Limonade.

Material

- Aquarellpapier, 300 g/m², z. B. Canson XL Mix Media Papier
- Bleistift HB
- Plastikradiergummi in Weiß
- Knetradiergummi
- Fineliner in Sepia, z. B. Sakura Pigma Micron 0,1 mm
- Fineliner in Schwarz, z. B. Sakura Pigma Micron 0,1 mm
- Copic Marker: Pale Fruit Pink (E000), Barley Beige (E11), Ice Blue (B12), Light Mahogany (E07), Iridescent Mauve (BV000), Pink (RV11), Light Suntan (E13), Pale Porcelain Blue (B000), Grayish Lavender (BV23), Soft Violet (BV11)
- Gelstift in Weiß, z.B. Sakura Gelly Roll 08

1 Zeichne mit Bleistift die Grundformen von Kopf, Hals und Schultern vor. Du kannst dabei ruhig Hilfslinien einzeichnen. Lisa ist nach links gedreht und hält den Kopf leicht geneigt, schaut uns aber direkt an. Drücke nicht zu fest mit dem Bleistift auf, weil die Striche später ausradiert werden.

2 Zeichne Augen und Ohren auf gleicher Höhe ein. Skizziere den Schal mit den losen Enden.

3 Nun sind Haare und Kleidung dran. Sie hat gerade, mittellange Haare mit Pony und trägt einige Haarspangen. Eine Strähne steht oben vom Kopf ab. Unter dem Schal trägt sie einen Pullover, von dem man allerdings nur den oberen Teil sieht. Ihr Gesichtsausdruck ist überrascht. Füge Pupillen und Glanzlichter in den Augen ein, bevor du die Brille zeichnest. Ich mag runde Gläser, aber du kannst auch andere Formen ausprobieren.

4 Unsere Skizze ist unordentlich – Zeit für die Radiergummis. Entferne mit dem weißen Radiergummi die Hilfslinien. Radiere dann mit dem Knetradiergummi alle Striche, sodass sie nur noch schwach zu sehen sind. Danach kannst du Details an Haaren und Schal einzeichnen. Einige Haarsträhnen fallen oben am Kopf deutlich über andere.

5 Ziehe die Konturen der Haut mit dem Fineliner in Sepia nach und deute auch die rosa Wangen an. Alle übrigen Konturen werden mit dem schwarzen Fineliner gezeichnet. Einige Striche solltest du etwas dicker nachziehen, z. B. an der Außenseite der einzelnen Haarsträhnen. Füge an den Haarspitzen noch einige dünnere Striche ein, damit die Haare realistischer wirken. Wenn die Tinte getrocknet ist, radierst du die Bleistiftstriche aus.

6 Nun folgen die Grundfarben. **Haut:** Pale Fruit Pink (E000), das Weiße der Augen aussparen. **Haare:** Barley Beige (E11). **Augen:** Ice Blue (B12) für den Großteil der Iris, nur unten etwas Pale Fruit Pink (E000). **Haarspangen:** Ice Blue (B12) für eine, die andere bleibt weiß. **Schal:** Light Mahogany (E07). **Pullover:** Der Pullover selbst bleibt weiß, aber nimm für die Schatten um die Falten Iridescent Mauve (BV000).

7 Jetzt sind die Schatten an der Reihe. **Haut:** Pink (RV11) am Haaransatz sowie auf Hals und Wangen. Nimm für die Übergänge zur Hautfarbe Pale Fruit Pink (E000). **Haare:** Male im unteren Bereich zickzackförmige Schatten mit Light Suntan (E13). Die Unterseite der Haare mit Iridescent Mauve (BV000) etwas stärker abdunkeln. **Pullover:** Dunkle den Schatten auf der Schulter, oben direkt unter dem Schal, mit Pale Porcelain Blue (B000) etwas stärker ab. **Augen:** Nimm Grayish Lavender (BV23) für die Pupillen und jeweils das obere Drittel der Iris. **Schal:** Soft Violet (BV11). Achte hierbei genau auf den Verlauf der Falten. Als Letztes setzt du mit dem weißen Gelstift kleine Glanzlichter in die Haare.

KAI

Kai ist eigentlich ein Drache, aber hier zeigt er sich in seiner menschlichen Gestalt. Drachen können Tausende von Jahre alt werden und haben magische Kräfte. Sie können Feuer speien, Blitze schleudern und durchs Weltall reisen. Bis jetzt hat Kai aus Versehen über 20 Planeten abgefackelt, nur weil er niesen musste.

Material

- Aquarellpapier, 300 g/m², z. B. Canson XL Mix Media Papier
- Bleistift HB
- Plastikradiergummi in Weiß
- Knetradiergummi
- Fineliner in Sepia, z. B. Sakura Pigma Micron 0,1 mm
- Fineliner in Schwarz, z. B. Sakura Pigma Micron 0,1 mm
- Copic Marker: Barley Beige (E11), Iridescent Mauve (BV000), Sea Green (G12), Warm Gray No.4 (W-4), Rose Mist (R83), Ice Blue (B12), Pale Porcelain Blue (B000), Colorless Blender (0), Soft Violet (BV11)
- Gelstift in Weiß, z.B. Sakura Gelly Roll 08

1 Zeichne mit Bleistift die Grundformen des Kopfes, Halses und der oberen Schultern. Verwende wenn nötig Hilfslinien. Lege den Umriss von Nase, Mund und Kinn fest. Kai schaut nach rechts, sein Kopf ist leicht nach hinten geneigt. Drücke nicht zu fest mit dem Bleistift auf, weil die Striche später ausradiert werden.

2 Verfeinere die Form der Nase. Zeichne Auge und Ohr auf gleicher Höhe ein. Skizziere die ungefähre Form der Kapuze.

3 Kai hat kurze, strubbelige Haare, die vom Kopf abstehen. Auf der Nase trägt er ein Pflaster. Sein Gesichtsausdruck ist verschmitzt, und seine Zungenspitze schaut aus dem Mundwinkel heraus. Sein Auge hat einen kleinen Glanzpunkt.

4 Unsere Skizze ist unordentlich – Zeit für die Radiergummis. Entferne mit dem weißen Radiergummi die Hilfslinien so gut wie möglich. Radiere dann mit dem Knetradiergummi alle Striche, sodass sie nur noch ganz schwach zu sehen sind. Zeichne danach die Details von Haaren, Gesicht, Auge und Pulli ein.

5 Zeichne die Konturen der Haut mit dem Fineliner in Sepia nach. Für alle anderen Konturen nimmst du den schwarzen Fineliner. Einige Striche solltest du etwas dicker nachziehen, z. B. an der Außenseite der einzelnen Haarsträhnen. Zeichne noch einige strubbelige Haarspitzen dazu. Wenn die Tinte getrocknet ist, radierst du die Bleistiftstriche mit dem weißen Radiergummi vollständig aus.

6 Nun folgen die Grundfarben. **Haut:** Barley Beige (E11), das Weiße des Auges und das Pflaster bleiben weiß. **Haare:** Iridescent Mauve (BV000), die Striche verlaufen in der Wuchsrichtung der Haare. **Auge:** Nimm für Iris und Pupille Sea Green (G12), aber lass das Glanzlicht weiß. **Kapuze:** Warm Gray No.4 (W-4).

7 Jetzt sind die Schatten an der Reihe. **Haut:** Rose Mist (R83) am Haaransatz, an Hals, Wange, Ohr und Zunge. Nimm Barley Beige (E11) für die Übergänge. **Auge und Haare:** Ice Blue (B12) für den oberen Teil der Iris und die Pupille, außerdem für die Ränder der Strähnen, die vorher mit Iridescent Mauve (BV000) koloriert wurden. Verwische die Übergänge mit dem farblosen Blender (0), und töne nach dem Trocknen einige Strähnen mit Pale Porcelain Blue (B000). **Kapuze:** Nimm eine Mischung von Soft Violet (BV11) und Ice Blue (B12) für die Schatten. Ich empfehle dir, zuerst die Schatten mit Soft Violet (BV11) zu malen und dann mit Ice Blue (B12) nachzuarbeiten. Zeichne nun mit dem schwarzen Fineliner einige Konturen um Nase, Kinn, Kiefer, Ohr und Hals nach. Setze zuletzt mit dem weißen Gelstift die Glanzlichter um Nase, Mund und Wange.

DAISY

Daisy trägt am liebsten luftige Blusen und Zöpfe. Sie mag es gerne zu backen oder Scrapbooks zu basteln, aber dafür hat sie wenig Zeit, weil sie meistens mit ihrer Familie oder Freunden beschäftigt ist. Sie ist leicht allergisch gegen Gänseblümchen.

Material

- Aquarellpapier, 300 g/m², z. B. Canson XL Mix Media Papier
- Bleistift HB
- Plastikradiergummi in Weiß
- Knetradiergummi
- Fineliner in Sepia, z. B. Sakura Pigma Micron 0,1 mm
- Fineliner in Schwarz, z. B. Sakura Pigma Micron 0,1 mm
- Copic Marker: Brick Beige (E31), Cashmere (Y32), Smoky Blue (B45), Pale Cobalt Green (YG41), Pale Lilac (V12), Light Suntan (E13), Aqua Blue (BG01), Blue Berry (BV04), Pale Lavender (BV31)
- Gelstift in Weiß, z. B. Sakura Gelly Roll 08

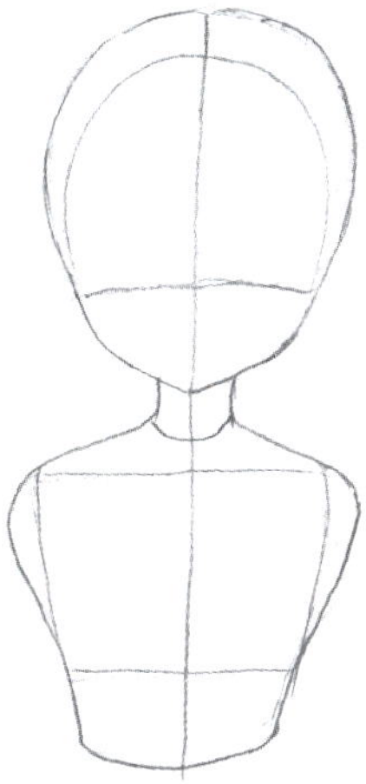

1 Zeichne mit dem Bleistift die Grundformen des Kopfes, Halses und des Oberkörpers vor. Du kannst auch Hilfslinien einzeichnen. Daisy schaut uns geradeaus an. Drücke nicht zu fest mit dem Bleistift auf, weil die Striche später ausradiert werden.

2 Zeichne die Augen und Ohren auf gleicher Höhe ein. Die Arme hängen locker neben dem Körper. Die Hände brauchst du nicht zu zeichnen, weil sie hinter dem Rock versteckt sind. Zeichne den weiten Rock direkt unter ihrem Oberkörper.

3 Nun folgen Haare und Kleidung. Daisy hat lange Zöpfe, einen seitlichen Pony und längere Strähnen seitlich am Gesicht. Sie trägt ein Haarband mit Schleife. Die Zöpfe sind oben dicker und lockerer als unten. Darum die Haare oben dicht und voll zeichnen. Sie trägt ein Kleid im Matrosenstil und einen Petticoat unter dem Rock. Hilfslinien, die beim Zeichnen der Kleidung stören, kannst du ausradieren. Zeichne noch einen fröhlichen Gesichtsausdruck und vergiss das Halsband nicht.

4 Unsere Skizze ist unordentlich – Zeit für die Radiergummis. Entferne mit dem weißen Radiergummi die Hilfslinien so gut wie möglich. Radiere dann mit dem Knetradiergummi alle Striche, sodass sie nur noch ganz schwach zu sehen sind. Danach kannst du Details einfügen. Zeichne auch die Brille. Ich mag runde Brillen, aber du kannst dich auch für eine andere Form entscheiden.

5 Ziehe alle Hautkonturen mit dem Fineliner in Sepia nach. Nimm für alle anderen Umrisse den Fineliner in Schwarz. Einige Striche solltest du etwas dicker nachziehen, z. B. an der Außenseite der einzelnen Haarsträhnen. Zeichne jetzt auch das Flechtmuster der Zöpfe und den Streifen am Rocksaum ein. Wenn die Tinte getrocknet ist, radierst du die Bleistiftstriche mit dem weißen Radiergummi vollständig aus.

6 Nun folgen die Grundfarben. **Haut:** Brick Beige (E31), dabei das Weiße der Augen aussparen. **Haare:** Cashmere (Y32). **Augen:** Smoky Blue (B45), dabei die Glanzlichter aussparen. **Rock, Bluse, Schleifen und Halsband:** Pale Cobalt Green (YG41). Petticoat und Streifen am Rock bleiben Weiß. Die Bluse ist weiß und hat nur grüne Ärmelbündchen.

7 Jetzt sind die Schatten an der Reihe. **Haut:** Pale Lilac (V12) am Haaransatz und auf Wangen, Hals und Armen. Verwende für weiche Übergänge Brick Beige (E31), dann überarbeite die gesamte Haut noch einmal mit Brick Beige (E31). **Haare:** Light Suntan (E13) an den Spitzen, um das Haarband und an den Innenseiten der Zöpfe, Aqua Blue (BG01) für die Unterseite der Haare. **Rock und Bluse (grüne Teile):** Aqua Blue (BG01), dabei genau auf den Verlauf der Falten achten. **Augen:** Blue Berry (BV04), auch die Pupillen. **Rock und Bluse (weiße Teile):** Pale Lavender (BV31) für die zarten Schatten. Füge zuletzt mit dem weißen Gelstift Glanzpunkte auf Haaren, Gesicht und am Rand der Brille ein.

NORA

Nora macht gerne lange Shopping-Ausflüge durch die Stadt. Sie verbringt aber auch viel Zeit in ihrem Zimmer und probiert neue Frisuren aus. Hochsteckfrisuren mag sie allerdingst nicht, weil sie sich wegen ihrer Größe auch so schon oft den Kopf an Türen anstößt.

Material

- Aquarellpapier, 300 g/m², z. B. Canson XL Mix Media Papier
- Bleistift HB
- Plastikradiergummi in Weiß
- Knetradiergummi
- Fineliner in Sepia, z. B. Sakura Pigma Micron 0,1 mm
- Fineliner in Schwarz, z. B. Sakura Pigma Micron 0,1 mm
- Copic Marker: Pale Fruit Pink (E000), Pale Porcelain Blue (B000), Pink (RV11), Cool Gray No.0 (C-0), Smoky Blue (B45), Iridescent Mauve (BV000), Blue Berry (BV04)

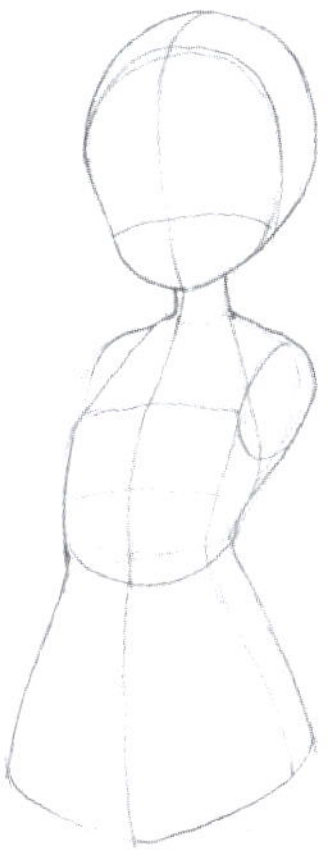

1 Zeichne mit dem Bleistift die Grundformen von Kopf, Hals und Rumpf. Du kannst Hilfslinien einfügen, wenn du möchtest. Nora ist leicht nach rechts gedreht, schaut uns aber an. Drücke nicht zu fest mit dem Bleistift auf, weil die Striche später ausradiert werden.

2 Zeichne die Augen und Ohren auf gleicher Höhe ein. Anschließend ihre Arme, Beine, Hände und Füße zeichnen. Sie ist groß, darum sind ihre Beine länger als normalerweise. Durch die Schuhe mit Absatz sind auch ihre Füße länger.

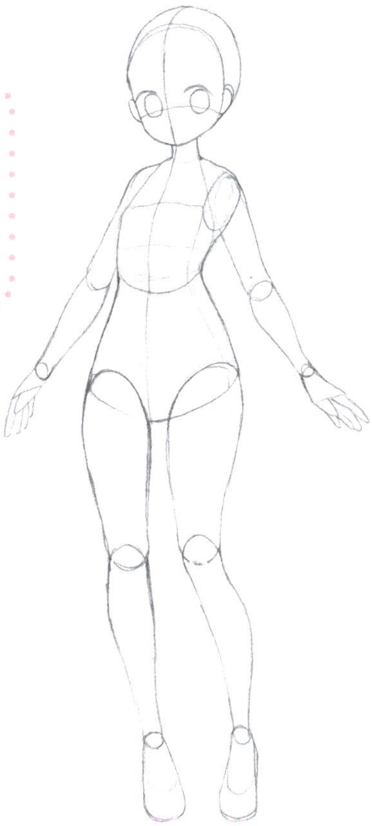

3 Nun folgen Haare und Kleidung. Nora hat superlange Zöpfe mit Schleifen und einen gestuften Pony. Sie trägt ein fließendes, trägerloses Partykleid mit herzförmigem Ausschnitt und einem Bindegürtel mit Schleife in der Taille. Ihre Plateau-Schuhe mit Keilabsatz haben Riemchen und Schleifen. Vergiss ihr Halsband nicht! Störende Hilfslinien kannst du ausradieren. Nora hat einen fröhlichen Gesichtsausdruck. Zeichne auch die Pupillen und die Glanzlichter in den Augen.

4 Unsere Skizze ist unordentlich – Zeit für die Radiergummis. Entferne mit dem weißen Radiergummi die Hilfslinien so gut wie möglich. Radiere dann mit dem Knetradiergummi alle Striche, sodass sie nur noch ganz schwach zu sehen sind. Danach kannst du die Linien mit Details ausarbeiten.

5 Zeichne die Konturen der Haut mit dem Fineliner in Sepia. Nimm den Fineliner in Schwarz für alle anderen Konturen. Einige Striche solltest du etwas dicker nachziehen, z. B. an der Außenseite der einzelnen Haarsträhnen. Füge in den Haarsträhnen einige Striche ein, damit sie natürlicher wirken. Wenn die Tinte getrocknet ist, radierst du die Bleistiftstriche mit dem weißen Radiergummi vollständig aus.

6 Nun folgen die Grundfarben. **Haut:** Pale Fruit Pink (E000), das Weiße der Augen aussparen. **Haare und Schuhe:** Pale Porcelain Blue (B000), dabei gezackte Glanzlichter in den Haaren aussparen. Die Flächen sehen aus wie die Buchstaben M, W, V und N als Bubble Buchstaben. Das ist gut zu merken und einfach zu zeichnen. **Augen:** Pink (RV11), die Glanzlichter bleiben weiß. **Kleid:** Das Kleid bleibt weiß. Nimm für die Schatten Cool Gray No.0 (C-0). **Band und Schleifen:** Smoky Blue (B45).

7 Jetzt sind die Schatten an der Reihe. **Haut:** Pink (RV11) für Haaransatz, Wangen, Nase, Hals, Brust, Unterarme, Oberschenkel (unter dem Rocksaum) sowie Knöchel und Füße im Bereich der Riemchen. Nimm zum Verblenden Pale Fruit Pink (E000). Unter dem Rocksaum ist der Schatten dunkler und wird mit Iridescent Mauve (BV000) verblendet. Deute die Beine, die durch den Rock schimmern, mit Pale Fruit Pink (E000) an. **Haare und Schuhe:** Iridescent Mauve (BV000). Konzentriere dich beim Schattieren der Haare auf die Überlappungen der Strähnen. **Band und Schleifen:** Blue Berry (BV04).

LILLY

Lilly ist ein Katzenmädchen, sie macht es sich gerne gemütlich und schläft. Meistens ist sie ruhig, aber sie faucht, wenn ihr ein Hund zu nahekommt. Sie ist immer an deiner Seite und legt sich auf deine Tastatur, wenn du arbeitest.

Material

- Aquarellpapier, 300 g/m², z. B. Canson XL Mix Media Papier
- Bleistift HB
- Plastikradiergummi in Weiß
- Knetradiergummi
- Fineliner in Schwarz, z. B. Sakura Pigma Micron 0,1 mm
- Copic Marker: Pale Fruit Pink (E000), Brick Beige (E31), Warm Gray No.7 (W7), Pink (RV11), Pale Porcelain Blue (B000), Iridescent Mauve (BV000)

1 Zeichne mit dem Bleistift die Grundformen von Kopf, Hals und Rumpf. Du kannst Hilfslinien einfügen. Lilly hat den Kopf leicht nach rechts geneigt. Drücke nicht zu fest mit dem Bleistift auf, weil die Striche später ausradiert werden.

2 Zeichne die Augen ins Gesicht. Wenn ich keine Lust habe, Augen zu zeichnen, belasse ich es einfach bei Bögen. Zeichne ihre Oberschenkel und den linken Oberarm sowie die angehobenen Unterarme mit den Katzenpfotenärmeln. Vergiss die Katzenohren nicht!

3 Nun folgen Haare und Kleidung. Lilly hat lange, glatte Haare mit Pony und kürzeren Strähnen an den Seiten. Sie trägt einen Rollkragenpullover mit Katzenpfotenärmeln und Shorts. Du kannst Hilfslinien, die dich beim Zeichnen der Kleidung stören, ausradieren. Lilly lacht. In ihrem Mund sieht man einen spitzen Eckzahn. Vergiss nicht die Fellbüschel in den Ohren, den Schwanz und die Ballen an den Katzenpfoten.

4 Unsere Skizze ist unordentlich – Zeit für die Radiergummis. Entferne mit dem weißen Radiergummi die Hilfslinien so gut wie möglich. Radiere dann mit dem Knetradiergummi alle Striche, sodass sie nur noch ganz schwach zu sehen sind. Füge nun Details an Haaren, Gesicht und Kleidung ein.

5 Zeichne mit dem Fineliner die Konturen. Einige Striche solltest du etwas dicker nachziehen, z. B. an der Außenseite der einzelnen Haarsträhnen. Drücke beim Zeichnen der Striche auf dem Pullover nur ganz schwach auf. Füge in den Haarsträhnen einige Striche ein, damit sie natürlicher wirken. Nach dem Trocknen alle Bleistiftstriche entfernen.

6 Nun folgen die Grundfarben. **Haut und Haare:** Pale Fruit Pink (E000). **Pullover:** Brick Beige (E31), die Pfoten bleiben weiß. **Shorts:** Warm Gray No.7 (W-7), die Streifen bleiben weiß. **Ohren, Pfoten und Streifen auf den Shorts:** Pink (RV11).

7 Hier werden nun weiche Schatten eingezeichnet. **Haare:** Pale Porcelain Blue (B000) für die Haarspitzen und Iridescent Mauve (BV000) für die Unterseite. **Haut, Ohren, Pfoten und Streifen auf den Shorts:** Pink (RV11). Übermale die rosa Bereiche nochmals und füge Schatten unter dem Pony, auf den Wangen, an Hals, Oberschenkeln und Mund ein. Verblende das Rosa mit Pale Fruit Pink (E000). **Pullover:** Iridescent Mauve (BV000), achte dabei auf Überlappungen und Falten. Etwas Pale Porcelain Blue (B000) gibt den Rändern einen interessanten Schimmer. Zuletzt malst du rechts und links neben dem Kopf ein paar kleine **Herzen:** Pink (RV11).

KIKO

Kiko ist sehr fröhlich und ihre Lieblingsfarbe ist Mintgrün. Sie trägt gerne Blusen mit hübschem Kragen, aber sie mag kein Rosa. Sie denkt darüber nach, sich die Haare zu färben.

Material

- Aquarellpapier, 300 g/m², z. B. Canson XL Mix Media Papier
- Bleistift HB
- Plastikradiergummi in Weiß
- Knetradiergummi
- Fineliner in Schwarz, z. B. Sakura Pigma Micron 0,1 mm
- Copic Marker: Pale Fruit Pink (E000), Rose Pink (R81), Jade Green (G00), Warm Gray No.4 (W-4), Silk (YR000), Pink (RV11), Pale Lilac (V12), Soft Violet (BV11), Robin's Egg Blue (B02), Aqua Mint (BG32)

1 Zeichne mit dem Bleistift die Grundformen von Kopf, Hals und Oberkörper. Kiko schaut dich geradeaus an. Drücke nicht zu fest mit dem Bleistift auf, weil die Striche später ausradiert werden.

2 Zeichne die Augen und Ohren auf gleicher Höhe ein. Skizziere die Bluse mit dem spitzen Kragen.

3 Jetzt sind die Haare dran. Kiko hat lange, glatte Haare mit Pony und seitlichen Strähnen sowie ein Haarband. Sie ist überrascht und etwas verlegen. Zeichne Pupillen und Glanzlichter in die Augen und einen Streifen am Blusenkragen.

4 Unsere Skizze ist unordentlich – Zeit für die Radiergummis. Entferne mit dem weißen Radiergummi die Hilfslinien so gut wie möglich. Radiere dann mit dem Knetradiergummi alle Striche, sodass sie nur noch ganz schwach zu sehen sind. Danach kannst du Details von Haaren, Gesicht, Augen und Bluse einzeichnen.

5 Zeichne alle Konturen mit dem Fineliner nach. Einige Striche solltest du etwas dicker nachziehen, z. B. an der Außenseite der einzelnen Haarsträhnen. Sobald die Tusche getrocknet ist, radierst du die Bleistiftstriche mit dem weißen Radiergummi aus.

6 Nun folgen die Grundfarben. **Haut:** Pale Fruit Pink (E000), dabei das Weiße der Augen aussparen. **Haare:** Rose Pink (R81), dabei einige gezackte Glanzlichter frei lassen. Die Flächen sehen aus wie die Buchstaben M, W, V und N als Bubble Buchstaben. Das kann man sich gut merken und sie sind einfach zu zeichnen. **Augen, Bluse (nicht der Kragen) und Haarband:** Jade Green (G00). **Kragen:** Er bleibt weiß, aber unter den Haaren werden Schatten mit Warm Gray No.4 (W-4) eingezeichnet.

7 Jetzt sind die Schatten an der Reihe. **Haut:** Silk (YR000) für Haaransatz, Wangen, Nase und Hals. Verstärke dieselben Schatten danach mit Pink (RV11) und verblende sie auf den Wangen mit Pale Fruit Pink (E000). **Haare:** Pale Lilac (V12). Beginne an den Haarspitzen, gehe langsam aufwärts und übe dabei immer weniger Druck aus. Dadurch werden die Schatten allmählich blasser. Nimm Soft Violet (BV11) für die schattige Unterseite der Haare. **Augen:** Robin's Egg Blue (B02) jeweils für die obere Hälfte der Iris. Zeichne unten in der Iris auf beiden Seiten eine leichte Reflexion mit Silk (YR000) ein. **Bluse (nicht der Kragen) und Haarband:** Aqua Mint (BG32), dann den Schulterbereich der Bluse mit Robin's Egg Blue (B02) nochmals abdunkeln. **Kragen:** Warm Gray No.4 (W-4) zum Verstärken der Schatten unter den Haaren aus Schritt 6.

PAN

Pan sitzt gern vor dem Fernseher und lutscht seine Lieblingslollis. Weil sie grün sind, denken alle, dass sie nach Apfel oder Melone schmecken. In Wirklichkeit schmecken sie aber wie Hustenbonbons.

Material

- Aquarellpapier, 300 g/m², z. B. Canson XL Mix Media Papier
- Bleistift HB
- Plastikradiergummi in Weiß
- Knetradiergummi
- Fineliner in Schwarz, z. B. Sakura Pigma Micron 0,1 mm
- Copic Marker: Barley Beige (E11), Warm Gray No.7 (W-7), Ice Blue (B12), Spectrum Green (G02), Warm Gray No. 1 (W-1), Light Suntan (E13), Soft Violet (BV11), Cool Gray No.7 (C-7), Warm Gray No.4 (W-4), Robin's Egg Blue (B02)

1 Zeichne mit dem Bleistift die Grundformen von Kopf, Hals und Oberkörper. Pan ist etwas nach rechts gedreht, schaut uns aber an. Drücke nicht zu fest mit dem Bleistift auf, weil die Striche später ausradiert werden.

2 Zeichne Augen und Ohr auf gleicher Höhe ein. Skizziere die Grundform seines Rollkragenpullovers.

3 Pan hat kurze, dicke, etwas strubbelige Haare. Sein Gesichtsausdruck ist verschmitzt. Zeichne die Pupillen und Glanzlichter in den Augen, den Mund und den Lollistiel ein.

4 Unsere Skizze ist unordentlich – Zeit für die Radiergummis. Entferne mit dem weißen Radiergummi die Hilfslinien so gut wie möglich. Radiere dann mit dem Knetradiergummi alle Striche, sodass sie nur noch ganz schwach zu sehen sind. Jetzt kannst du die Details von Haaren, Gesicht, Augen, Pullover und Lolli einzeichnen.

5 Zeichne die Konturen mit dem Fineliner nach. Einige Striche solltest du etwas dicker nachziehen, z. B. an der Außenseite der einzelnen Haarsträhnen. Nach dem Trocknen alle Bleistiftstriche vollständig ausradieren.

6 Nun folgen die Grundfarben. **Haut:** Barley Beige (E11), dabei das Weiße der Augen aussparen. **Haare:** Warm Gray No.7 (W-7), dabei einige gezackte Glanzlichter frei lassen. Die Flächen sehen aus wie die Buchstaben M, W, V und N als Bubble Buchstaben. Das ist gut zu merken und einfach zu zeichnen. **Augen:** Ice Blue (B12), die Glanzlichter bleiben weiß. **Lolli:** Spectrum Green (G02), der Stiel bleibt Weiß. **Pullover:** Er bleibt Weiß, aber die ersten Schatten und Falten werden jetzt mit Warm Gray No.1 (W-1) angedeutet.

7 Jetzt sind die Schatten an der Reihe. **Haut:** Light Suntan (E13) für Haaransatz, Wangen, Nase und Hals. Die Schatten unter dem Pony und unter dem Kinn mit Soft Violet (BV11) nochmals abdunkeln. **Haare:** Cool Gray No.7 (C-7), vor allem an den Enden der Strähnen. Beginne unten und verblende die Farbe langsam nach oben, sodass ein weicher Übergang zwischen warmen und kühlen Tönen entsteht. Nimm Warm Gray No.4 (W-4) für das Glanzlicht, um es den restlichen Haaren etwas anzugleichen. **Augen:** Mischung aus Robin's Egg Blue (B02) und Soft Violet (BV11) für den oberen Teil der Iris. Male im unteren Bereich eine Reflexion mit Barley Beige (E11). **Pullover:** Verstärke die in Schritt 6 gemalten Schatten mit Warm Gray No.4 (W-4), vor allem in den Ecken der Falten und im hinteren Bereich von Kragen und Schulter.

CHERRY

Cherry liebt es, Kaugummi zu kauen und zu entspannen. Sie hört gerne Musik, liest und zeichnet in ihrem Skizzenbuch. Aus den Kaugummis, die sie fertig gekaut hat, baut sie langsam eine lebensgroße Statue von sich.

Material

- Aquarellpapier, 300 g/m², z. B. Canson XL Mix Media Papier
- Bleistift HB
- Plastikradiergummi in Weiß
- Knetradiergummi
- Fineliner in Violett, z. B. Sakura Pigma Micron 0,1 mm
- Fineliner in Schwarz, z. B. Sakura Pigma Micron 0,1 mm
- Copic Marker: Hazelnut (E23), Amethyst (V17), Rose Mist (R83), Iridescent Mauve (BV000), Pale Porcelain Blue (B000), Pale Pink (RV10), Colorless Blender (0), Light Walnut (E57), Blue Berry (BV04)
- Gelstift in Weiß, z. B. Sakura Gelly Roll 08

1 Zeichne mit dem Bleistift die Grundformen des Kopfes, Halses und des Oberkörpers. Füge bei Bedarf Hilfslinien hinzu. Cherry schaut nach vorn, ihre Schultern sind leicht angehoben. Füge schräge Linien für die Träger ihres Tops ein. Drücke nicht zu fest mit dem Bleistift auf, weil die Striche später ausradiert werden.

2 Zeichne Augen und Ohren auf gleicher Höhe ein. Ihr linkes Auge zwinkert. Deute das Schlüsselbein durch kurze Striche an. Da Cherry sich leicht nach vorn lehnt, bildet dies eine V-Form. Füge die Oberarme und den Ausschnitt des Tops ein.

3 Nun sind Haare und Accessoires an der Reihe. Cherry hat Afro Haare, die zu beiden Seiten hochgebunden sind, mit kleinen Strähnen vor den Ohren. Zeichne den Scheitel ein und die Haarspangen und Schleifen. Füge auch die Schleifen am Top und die Nahtlinie am Unterhemd ein. Durch die Augenbrauen, Wimpern und eine herzförmige Iris bekommt Cherry einen verspielten Gesichtsausdruck. Vergiss nicht die baumelnden Ohrringe und den Kaugummi mit ein paar Glanzlichtern.

4 Die Skizze ist unordentlich – Zeit für die Radiergummis. Entferne mit dem weißen Radiergummi die Hilfslinien so gut wie möglich. Radiere dann mit dem Knetradiergummi alle Striche, sodass sie nur noch ganz schwach zu sehen sind. Jetzt wird die Skizze verfeinert und weitere Details auf Haaren, Gesicht, Kleidung und Accessoires eingezeichnet.

5 Zeichne die Konturen mit dem Fineliner in Violett. Einige Striche solltest du etwas dicker nachziehen, z. B. an der Außenseite der einzelnen Haarsträhnen. Sobald alles getrocknet ist, entfernst du die Bleistiftstriche mit dem weißen Radiergummi.

6 Nun folgen die Grundfarben. **Haut:** Hazelnut (E23), das Weiße im Auge aussparen. **Top und Schleifen:** Amethyst (V17). **Kaugummi, einige Herzen und Accessoires:** Rose Mist (R83), also das dunklere Rosa. Lass einige Glanzlichter auf der Kaugummiblase weiß. **Haare, Auge und Unterhemd:** Iridescent Mauve (BV000), Pale Porcelain Blue (B000) und Pale Pink (RV10). Die Farben abwechselnd unregelmäßig verteilt auftragen, sodass eine Art Tarnmuster entsteht. Die Übergänge werden später noch verblendet. **Pupille und weitere Herzchen:** Pale Pink (RV10).

7 Jetzt sind die Schatten dran. Die pastellfarbigen Bereiche werden weich schattiert. **Haare, Auge und Unterhemd:** Mit dem Colorless Blender (0) die Pastellfarben mit kreisförmigen Bewegungen verblenden. Dann mit Pale Pink (RV10) die Bereiche in Rosa und Violett nochmals überarbeiten, weil sie wahrscheinlich am stärksten verblasst sind. **Haut:** Light Walnut (E57) für die Schatten auf Gesicht, Scheitel, Ohren, Hals, Brust und Armen. Die roten Wangen mit etwas Rose Mist (R83) einfärben. **Top und Schleifen:** Blue Berry (BV04). **Kaugummi und Accessoires** (weiße Teile): Iridescent Mauve.

8 Zeichne alle Konturen, die zu blass geworden sind, mit dem schwarzen Fineliner nach. Füge mit dem weißen Gelstift die Streifen auf dem Top und den Haarschleifen sowie die Lichtreflexe auf Schultern, Armen, Auge, Kaugummiblase und den Haaren ein.

ALIX

Alix hat keine besonderen Hobbys oder Interessen. Er macht, was ihm Spaß macht. Er ist nicht sehr kontaktfreudig, aber er hat kein Problem damit, neue Leute kennenzulernen. Es gibt nichts, worin er wirklich schlecht oder außergewöhnlich gut ist. Er ist einfach er selbst, und das ist gut so.

Material

- Aquarellpapier, 300 g/m^2, z. B. Canson XL Mix Media Papier
- Bleistift HB
- Plastikradiergummi in Weiß
- Knetradiergummi
- Fineliner in Sepia, z. B. Sakura Pigma Micron 0,1 mm
- Fineliner in Schwarz, z. B. Sakura Pigma Micron 0,1 mm
- Copic Marker: Pale Fruit Pink (E000), Milky White (E51), Pale Porcelain Blue (B000), Lapis Lazuli (B18), Pink (RV11), Barley Beige (E11), Blue Berry (BV04), Cool Gray No.4 (C-4), Iridescent Mauve (BV000), Cool Gray No.6 (C-6), Pale Lilac (V12)
- Gelstift in Weiß, z. B. Sakura Gelly Roll 08

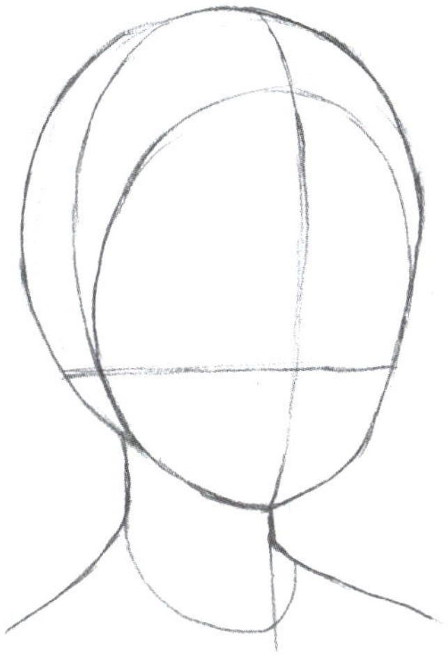

1 Zeichne mit dem Bleistift die Grundformen von Kopf, Hals und Schultern. Du kannst auch Hilfslinien einzeichnen. Alix ist leicht nach links gedreht, aber er schaut uns an. Drücke nicht zu fest mit dem Bleistift auf, weil die Striche später ausradiert werden.

2 Zeichne Augen und Ohren auf gleicher Höhe ein. Skizziere den Stehkragen seiner Trainingsjacke.

3 Jetzt kommen die Haare dran. Seine kurzen, dicken Haare gehen von einem Seitenscheitel aus. Arbeite die Jacke etwas genauer aus. Alix hat einen ernsten Gesichtsausdruck und kleine Glanzlichter in den Augen.

4 Unsere Skizze ist unordentlich – Zeit für die Radiergummis. Entferne mit dem weißen Radiergummi die Hilfslinien so gut wie möglich. Radiere dann mit dem Knetradiergummi alle Striche, sodass sie nur noch ganz schwach zu sehen sind. Arbeite die Zeichnung genauer aus und füge Details ein. Zeichne den Reißverschluss der Jacke und die Brille ein. Ich mag gern runde Brillen, aber du kannst dich auch für eine andere Form entscheiden.

5 Zeichne mit dem Fineliner in Sepia die Konturen von Haaren, Gesicht, Hals und Gesichtszügen – außer den Augen! Die anderen Konturen sind schwarz. Einige Striche solltest du etwas dicker nachziehen, z. B. an der Außenseite der einzelnen Haarsträhnen. Sobald die Tusche getrocknet ist, radierst du die Bleistiftstriche vollständig aus.

6 Nun folgen die Grundfarben. **Haut:** Pale Fruit Pink (E000), dabei das Weiße der Augen aussparen. **Haare und Augenbrauen:** Milky White (E51). **Augen:** Pale Porcelain Blue (B000) in den beiden oberen Dritteln, Pale Fruit Pink (E000) im unteren Drittel. **Jacke:** Lapis Lazuli (B18), Streifen und Reißverschluss bleiben weiß.

7 Jetzt sind die Schatten an der Reihe. **Haut:** Pink (RV11) für den Haaransatz und für Gesicht, Ohren und Hals. **Haare:** Barley Beige (E11), immer am unteren Ende der Strähne beginnen und den Marker zügig aufwärts ziehen und am Ende mit einer fließenden Bewegung vom Papier heben. **Jacke und Streifen:** Blue Berry (BV04), der Schatten sollte eine scharfe Kontur haben. **Reißverschluss:** Cool Gray No.4 (C-4).

8 Füge jetzt noch härtere Schatten ein. **Haut und Augen:** Iridescent Mauve (BV000). **Jacke:** Cool Gray No.6 (C-6), damit die Schatten auf Reißverschluss und Jacke weniger gesättigt wirken. **Haare:** Wie im vorigen Schritt etwas Pale Lilac (V12) auf die Spitzen einiger Strähnen geben, damit sie sich hervorheben. Füge die Lichtreflexe auf Haaren, Brille und Jacke mit dem weißen Gelstift ein. Zuletzt kannst du die äußeren Konturen einmal mit dem schwarzen Fineliner nachziehen, damit sich die Figur noch besser vom Papier abhebt.

JUDY

Judy schläft gerne und faulenzt. Sie geht in die Schule, aber der Unterricht ist ihr einfach zu langweilig. Sie bleibt gerne lange auf, um Spiele zu spielen oder fernzusehen, anstatt ihre Hausaufgaben zu machen. Trotzdem hat sie in allen Fächern sehr gute Noten, und niemand weiß, wie oder warum.

Material

- Aquarellpapier, 300 g/m², z. B. Canson XL Mix Media Papier
- Bleistift HB
- Plastikradiergummi in Weiß
- Knetradiergummi
- Fineliner in Schwarz, z. B. Sakura Pigma Micron 0,1 mm
- Copic Marker: Pale Fruit Pink (E000), Cashmere (Y32), Toner Gray No.3 (T-3), Pink (RV11), Hydrangea Blue (BV13), Barley Beige (E11), Light Walnut (E57), Cool Gray No.7 (C-7), Lipstick Red (R29), Pale Lavender (BV31), Toner Gray No.2 (T-2), Iridescent Mauve (BV000), Grayish Lavender (BV23), Blue Berry (BV04)

1 Zeichne mit dem Bleistift die Grundformen von Kopf, Hals und Rumpf. Du kannst Hilfslinien einfügen, wenn du möchtest. Judy ist nach rechts gedreht und zeigt uns ihr Gesicht von der Seite. Drücke nicht zu fest mit dem Bleistift auf, weil die Striche später ausradiert werden.

2 Zeichne Auge und Ohr auf gleicher Höhe. Füge Arme, Beine, Hand und Füße hinzu. Ihr rechter Arm ist zum Gesicht angewinkelt, sodass du diese Hand nicht zeichnen musst. Ein Fuß zeigt zu uns und der andere Fuß zeigt in die gleiche Richtung wie ihr Kopf.

3 Nun folgen Haare und Kleidung. Sie hat lange, dicke Haare, die mit einer Schleife zu einem hohen Pferdeschwanz zusammengebunden sind und einen Pony mit seitlichen Strähnen. Sie trägt ein Kleid im Matrosenstil mit Overknee-Strümpfen und Slippern mit dicker Sohle. Zwischen Bluse und Rock sieht man ein wenig ihren Bauch. Am linken Arm trägt sie ein Armband. Hilfslinien, die beim Zeichnen der Kleidung stören, kannst du ausradieren. Judy hat einen nachdenklichen Gesichtsausdruck.

4 Unsere Skizze ist unordentlich – Zeit für die Radiergummis. Entferne mit dem weißen Radiergummi die Hilfslinien so gut wie möglich. Radiere dann mit dem Knetradiergummi alle Striche, sodass sie nur noch ganz schwach zu sehen sind. Jetzt kannst du weitere Details einzeichnen.

5 Zeichne mit Fineliner die Konturen. Einige Striche solltest du dicker nachziehen, z. B. an der Außenseite einiger Haarsträhnen. Sobald die Tusche getrocknet ist, radierst du die Bleistiftstriche mit dem weißen Radiergummi vollständig aus.

6 Nun folgen die Grundfarben. **Haut:** Pale Fruit Pink (E000), dabei das Weiße des Auges aussparen. **Haare und Schuhe:** Cashmere (Y32). **Strümpfe und Schuhsohlen:** Toner Gray No.3 (T-3). **Schleifen und Armband:** Pink (RV11). **Rock, Blusenkragen und Ärmelbündchen:** Hydrangea Blue (BV13), die Streifen bleiben weiß. Du hast vielleicht bemerkt, dass diese Farben alle sehr hell erscheinen. Das liegt daran, dass dies die Highlight-Farben sind. Im nächsten Schritt beginnt der eigentliche Spaß!

7 Jetzt sind die Schatten an der Reihe. Der Großteil der Flächen wird mit einer dunklen Farbe schattiert. Lass jedoch am rechten Rand immer einen kleinen Streifen der helleren Farbe frei. Er zeigt, dass von rechts noch ein wenig Licht auf Judy fällt. **Haut:** Barley Beige (E11). **Haare und Schuhe:** Light Walnut (E57). **Strümpfe und Schuhsohlen:** Cool Gray No.7 (C-7). **Schleifen und Armband:** Lipstick Red (R29). **Rock, Blusenkragen und Ärmelbündchen:** Pale Lavender (BV31). **Bluse (weiße Teile):** Toner Gray No.2 (T-2).

8 Weiter geht es mit den dramatischen Schatten. Auf die Bereiche, die im tiefsten Schatten liegen – also auf ihrer linken Seite – tragen wir kühle Farben auf. **Haut:** Iridescent Mauve (BV000). **Haare, Schuhe, Rock, Blusenkragen und Ärmelbündchen:** Grayish Lavender (BV23). **Strümpfe und Schuhsohlen:** Blue Berry (BV04). **Schleifen und Armband:** Hydrangea Blue (BV13).

Figuren:

Kolorieren mit Watercolor

TIPPS!

- Für die folgenden Zeichnungen habe ich die Sakura Koi Water Colors Pocket Field Sketchbox (48 Farben) verwendet. Du kannst dich aber auch für andere Farben entscheiden. Auf Seite 32–34 und 130 findest du Tipps zum Mischen von Farben und zum Schattieren.
- Lege ein leeres Blatt Papier bereit, um die Farbe und deren Deckkraft zu testen und gegebenenfalls anzupassen, bevor du sie auf deine Zeichnung aufträgst.
- Spüle deinen Pinsel aus, bevor du eine neue Farbe aufnimmst, und wechsle das Wasser häufig.
- Tupfe den Pinsel auf Küchenpapier ab, bevor du ihn ausspülst. So bleibt das Wasser länger sauber und muss nicht so oft gewechselt werden.
- Verwende immer einen wasserfesten Fineliner. Ich zeichne Motive gern dünn mit Bleistift vor, koloriere dann mit Watercolor-Farben und zeichne die Konturen nach, wenn alles gut getrocknet ist.
- Für fließende Farbübergänge musst du schnell arbeiten, diese funktionieren nur, solange die Farben noch nass sind.
- Weiße Watercolor-Farbe macht die Farben heller, verringert aber auch ihre Transparenz und lässt sie dreckig wirken. Darum vermeide ich das Mischen mit weißer Farbe. Man kann Farben auch aufhellen, indem man sie stärker mit Wasser verdünnt. Weiße Watercolor-Farbe aus der Tube eignet sich aber gut, um kleine Fehler auszubessern oder Glanzlichter zu setzen.
- Wenn du versehentlich zu viel Farbe aufgetragen hast, kannst du den Überschuss mit einem Wattestäbchen oder einem Papiertuch abtupfen, bevor die Farbe trocken ist. Dadurch wird die Farbe etwas heller. Ist die Farbe schon teilweise getrocknet, entstehen beim Abtupfen Flecken.
- Fehler solltest du unbedingt korrigieren, solange die Farben noch nass sind. Nach dem Trocknen kann man nicht mehr viel verändern.
- Für weitere Tipps zum Kolorieren mit Watercolor gehe zu Seite 10 und 35.

JASMINE

Jasmine hat immer schlechte Laune, und keiner weiß warum. Wenn man sie fragt, wird sie nur noch mürrischer. Fragt man nicht, bekommt sie erst recht schlechte Laune, weil sie nicht gefragt wurde.

Material

- Aquarellpapier, 300 g/m², z. B. Canson XL Mix Media Papier
- Bleistift HB
- Plastikradiergummi in Weiß
- Knetradiergummi
- Fineliner in Violett, z. B. Sakura Pigma Micron 0,1 mm
- Watercolors, z. B. Sakura Koi: Burnt Umber (194), Ivory Black (004), Pink Madder (027), Permanent Blue Violet (173), Ultramarine Light (146), Crimson Lake (022), Permanent Blue Light (150)
- Aquarellpinsel
- Gelstift in Weiß, z. B. Sakura Gelly Roll 08

1 Zeichne mit Bleistift die Grundformen von Kopf, Hals und Rumpf. Du kannst auch Hilfslinien einzeichnen. Jasmine ist leicht nach rechts gedreht, schaut uns aber direkt an. Drücke nicht zu fest mit dem Bleistift auf, weil die Striche später ausradiert werden.

2 Zeichne Augen und Ohren auf gleicher Höhe ein, und füge erste Schraffuren für die beiden Augen hinzu. Skizziere danach die Ärmel ihrer Jacke. Die Hände brauchst du nicht zu zeichnen, weil Jasmine sie in die Taschen steckt.

3 Jasmine hat lange, glatte Haaren, die mit Schleifen zu zwei tiefsitzenden Zöpfen zusammengebunden sind, dazu einen Pony, der auf der linken Seite geflochten ist. Arbeite ihre Jacke weiter aus. Darunter trägt sie ein T-Shirt. Hilfslinien, die beim Zeichnen der Kleidung stören, kannst du schon ausradieren. Jasmine hat einen mürrischen Gesichtsausdruck.

4 Unsere Skizze ist unordentlich – Zeit für die Radiergummis. Entferne mit dem weißen Radiergummi die Hilfslinien. Radiere dann mit dem Knetradiergummi alle Striche, sodass sie nur noch ganz schwach zu sehen sind. Jetzt kannst du deine Zeichnung weiter ausarbeiten und Details an Haaren, Gesicht, Augen und Jacke einzeichnen. Schraffiere die Augen, das T-Shirt, die Unterseite der Haare und das Innere des Jackenkragens.

5 Nun folgen die Grundfarben. Löse die Farben mit reichlich Wasser an und probiere sie zuerst auf Schmierpapier aus, damit du Deckkraft und Farbton noch anpassen kannst. **Haut:** Burnt Umber (194), das Weiße der Augen aussparen. **Oberer Teil der Jacke, Kragen und Augen:** Mischung aus gleichen Teilen Ivory Black (004) und Pink Madder (027). **Haare und unterer Teil der Jacke:** Mischung aus zwei Teilen Permanent Blue Violet (173) und einem Teil Ivory Black (004). Lass auf den Haaren die gezackten Lichtreflexe weiß. Die Flächen sehen aus wie die Buchstaben M, W, V und N als Bubble Buchstaben. Das ist gut zu merken und einfach zu zeichnen. **T-Shirt und Herz auf dem Jackenärmel:** Ultramarine Light (146). Falls ein Bereich fleckig oder ungleichmäßig aussieht, kannst du die Farbe trocknen lassen und dann mit einem sauberen feuchten Pinsel nochmals überarbeiten. Aber nicht übertreiben, sonst wird die Farbe noch fleckiger.

6 Jetzt sind die Schatten an der Reihe. **Haut:** Mische aus gleichen Teilen Burnt Umber (194) und Crimson Lake (022) für Haaransatz, Gesicht, Ohren, Hals und Brust. **Oberer Teil der Jacke und Kragen:** Aus nahezu gleichen Teilen Ivory Black (004) (minimal mehr) und Pink Madder (027) mischen. **Haare und unterer Teil der Jacke:** Mischung aus gleichen Teilen Permanent Blue Violet (173) und Permanent Blue Light (150). **Augen:** Permanent Blue Light (150) für die unteren Drittel. **Weiße Bereiche:** Verlauf mit Ivory Black (004) und Pink Madder (027), mit etwas Permanent Blue Light (150) an den Innenseiten der Schatten. Wenn die Farbe getrocknet ist, helle die Bleistiftstriche mit dem weißen Plastikradiergummi auf etwa 50 Prozent ihrer Deckkraft auf, vor allem an den äußeren Konturen.

7 Zeichne mit dem violetten Fineliner alle wichtigen äußeren Konturen der Figur, die Gesichtszüge und die Details der Jacke nach. Danach mit dem weißen Gelstift die Glanzlichter auf den Wangen und unten auf der Jacke einzeichnen.

DOM

Der fröhliche Dom ist immer für dich da. Er gibt nicht die besten Ratschläge, aber er ist ein guter und geduldiger Zuhörer. Einen Freund wie Dom kann jeder gut gebrauchen!

Material

- Aquarellpapier, 300 g/m², z. B. Canson XL Mix Media Papier
- Bleistift HB
- Plastikradiergummi in Weiß
- Knetradiergummi
- Fineliner in Violett, z. B. Sakura Pigma Micron 0,1 mm
- Watercolors, z. B. Sakura Koi: Jaune Brilliant (067), Quinacridone Rose (032), Crimson Lake (022), Permanent Blue Violet (173), Ivory Black (004), Pink Madder (027), Permanent Blue Light (150)
- Aquarellpinsel

1 Zeichne mit Bleistift die Grundformen von Kopf, Hals und Oberkörper. Zeichne dabei gern Hilfslinien ein. Dom schaut uns an, er hält den Kopf leicht nach rechts geneigt.

2 Zeichne Augen und Ohren auf gleicher Höhe ein. Manchmal zeichne ich die Augen einfach nur als Bögen. Der rechte Unterarm, ist nach oben gebeugt und der Zeigefinger, berührt das Gesicht. Deute das Schlüsselbein an. Es bildet eine V-Form.

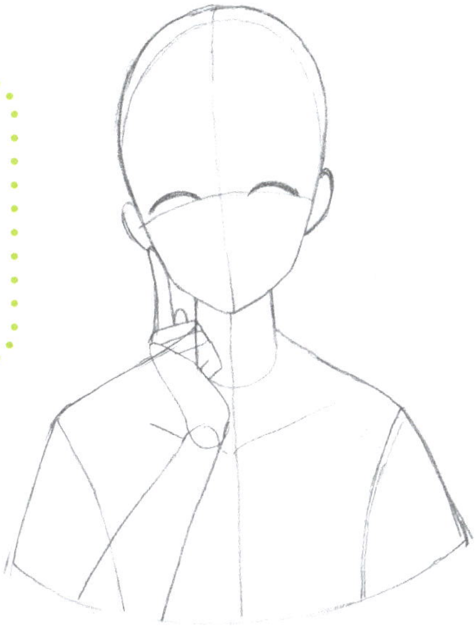

3 Nun die Haare und Kleidung: Dom hat kurze, volle Haare, die nach vorne gekämmt sind. Er trägt einen Kapuzenpullover mit Reißverschluss und ein T-Shirt. Hilfslinien, die beim Zeichnen der Kleidung stören, kannst du ausradieren. Dom hat einen vergnügten Gesichtsausdruck.

4 Unsere Skizze ist unordentlich – Zeit für die Radiergummis. Entferne mit dem weißen Radiergummi die Hilfslinien so gut wie möglich. Radiere dann mit dem Knetradiergummi alle Striche, sodass sie nur noch ganz schwach zu sehen sind. Danach kannst du deine Zeichnung ausarbeiten und Details an Haaren, Gesicht und Kleidung hinzufügen. Schraffiere das T-Shirt mit dem Bleistift.

5 Nun folgen die Grundfarben. Löse die Farben mit reichlich Wasser an und probiere sie zuerst auf Schmierpapier aus, damit du Deckkraft und Farbton noch anpassen kannst. **Haut:** Jaune Brilliant (067). **Haare:** Mischung aus gleichen Teilen Quinacridone Rose (032) und Jaune Brilliant (067) mit etwas weniger Wasser. Lass auf den Haaren die gezackten Lichtreflexe weiß. Die Flächen sehen aus wie die Buchstaben M, W, V und N als Bubble Buchstaben. Das ist gut zu merken und einfach zu zeichnen. **T-Shirt:** Crimson Lake (022) mit etwas weniger Wasser. Falls ein Bereich fleckig oder ungleichmäßig aussieht, kannst du die Farbe trocknen lassen und dann mit einem sauberen feuchten Pinsel nochmals überarbeiten. Aber nicht übertreiben, sonst wird die Farbe möglicherweise noch fleckiger.

6 Jetzt sind die Schatten an der Reihe. **Haut:** Mischung aus gleichen Teilen Crimson Lake (022) und Jaune Brilliant (067) für Haaransatz, Gesicht, Ohren, Hals, Brust und Arm. **Haare:** Permanent Blue Violet (173). **Weiße Bereiche:** Farbverlauf mit Ivory Black (004) und Pink Madder (027), mit etwas Permanent Blue Light (150) an den Innenseiten der Schattierungen. Fülle Leerstellen und überarbeite ungleichmäßige Stellen. Füge unter dem Kinn und auf dem Shirt weitere Schatten mit einer Mischung aus gleichen Teilen Ivory Black (004) und Pink Madder (027) ein. Wenn die Farbe getrocknet ist, helle die Bleistiftstriche mit dem weißen Plastikradiergummi auf die Hälfte ihrer Deckkraft auf, vor allem an den äußeren Konturen.

7 Zeichne mit dem violetten Fineliner Details nach, z. B. die Grenzen zwischen Haarsträhnen und die Falten auf der Kapuzenjacke.

ALLIE

Allie ist ein magischer Wassergeist, du siehst sie hier in ihrer menschlichen Form. Sie lebt besonders gern in den Wasserquellen von Menschen mit schönen Gärten. Das spiegelt sich auch in ihrer Kleidung wider.

Material

- Aquarellpapier, 300 g/m², z. B. Canson XL Mix Media Papier
- Bleistift HB
- Plastikradiergummi in Weiß
- Knetradiergummi
- Fineliner in Violett, z. B. Sakura Pigma Micron 0,1 mm
- Watercolors, z. B. Sakura Koi: Jaune Brilliant (067), Permanent Yellow (063), Ultramarine Light (146), Permanent Blue Light (150), Turquoise Blue (154), Crimson Lake (022), Permanent Blue Violet (173), Pink Madder (027), Ivory Black (004)
- Aquarellpinsel
- Gelstift in Weiß, z. B. Sakura Gelly Roll 08

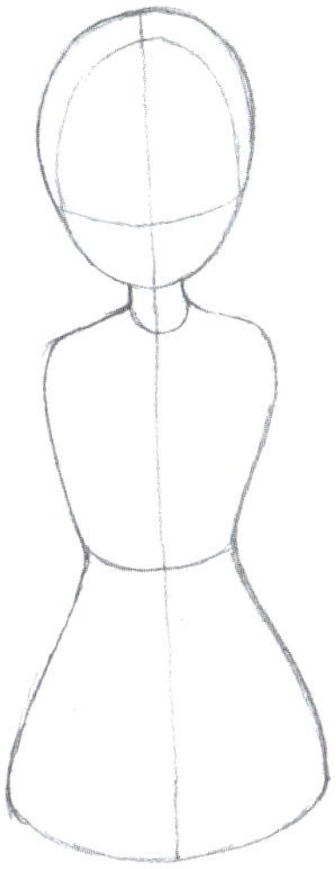

1 Zeichne mit dem Bleistift die Grundformen von Kopf, Hals und Rumpf. Du kannst Hilfslinien einfügen, wenn du möchtest.

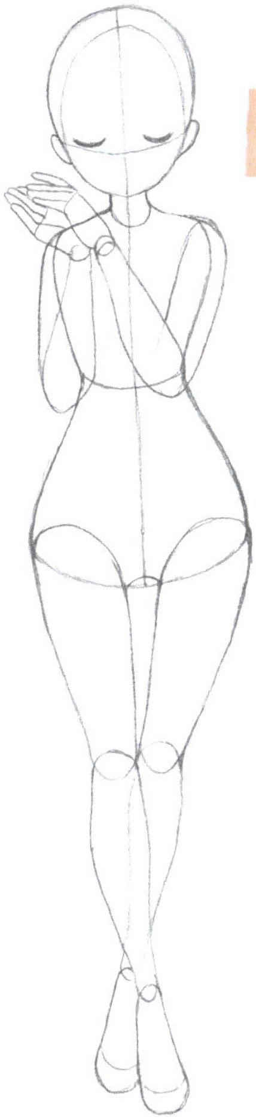

2 Zeichne die Augen ein. Wenn ich keine Lust habe, Augen zu zeichnen, dann mache ich einfach nur zwei Bögen. Zeichne Arme, Beine, Hände und Füße. Die Arme sind zur rechten Schulter angehoben, das rechte Bein steht vor dem linken.

3 Nun folgen Haare und Kleidung. Allie hat lange, glatte Haare und dazu zwei Mini-Dutts mit Schleifen. Sie trägt ein schulterfreies Minikleid mit Kragen und Schleife, darüber einen verzierten weiten Rock mit Flügeln und langen Bändern. Ihre Schuhe haben Knöchelriemchen und dicke Sohlen. Hilfslinien, die beim Zeichnen der Kleidung stören, kannst du ausradieren. Allie hat einen entspannten Gesichtsausdruck.

4 Unsere Skizze ist unordentlich – Zeit für die Radiergummis. Entferne mit dem weißen Radiergummi die Hilfslinien. Radiere dann mit dem Knetradiergummi alle Striche, sodass sie nur noch ganz schwach zu sehen sind. Arbeite die Zeichnung weiter aus und füge Details an Haaren, Gesicht, Augen und Kleidung ein. Achte besonders auf die Verzierungen am Rock. Schraffiere die Unterseite der Haare, die Haarschleifen, das Minikleid und die Schleife.

5 Nun folgen die Grundfarben. Löse die Farben mit reichlich Wasser an und probiere sie zuerst auf Schmierpapier aus, damit du Deckkraft und Farbton noch anpassen kannst. **Haut:** Mischung aus gleichen Teilen Jaune Brilliant (067) und Permanent Yellow (063). **Minikleid, Schleifen und Schuhsohlen:** Mischung aus gleichen Teilen Ultramarine Light (146) und Permanent Blue Light (150) mit etwas weniger Wasser. **Rüschen, Flügel, Bänder und Schuhriemen:** Turquoise Blue (154). Haare, Kragen, Ärmel, Rock und Oberteile der Schuhe bleiben weiß.

6 Jetzt sind die Schatten an der Reihe. **Haut:** Mischung aus gleichen Teilen Crimson Lake (022) und Jaune Brilliant (067) am Haaransatz und für Gesicht, Hals, Brust, Arme und Beine. **Minikleid, Schleifen und Schuhsohlen:** Permanent Blue Violet (173), mit etwas weniger Wasser. **Rüschen:** Permanent Blue Light (150). **Flügel und Bänder:** Ultramarine Light (146) und Pink Madder (027), einzeln verwenden. **Haare und andere weiße Bereiche:** Farbübergang mit Ivory Black (004) und Pink Madder (027), mit etwas Permanent Blue Light (150) an den Innenseiten der Schattenbereiche. Fülle Leerstellen aus und überarbeite ungleichmäßige Stellen. Schattiere die Haut und die Rüschen nochmals mit einer Mischung aus gleichen Teilen Ivory Black (004) und Pink Madder (027). Wenn die Farben getrocknet sind, helle die Bleistiftstriche mit dem weißen Plastikradiergummi auf etwa 50 Prozent ihrer Deckkraft auf.

7 Zeichne mit dem violetten Fineliner Details, z. B. die Grenzen zwischen Haarsträhnen und die Feinheiten der Kleidung nach. Mit dem weißen Gelstift Glanzlichter auf Flügeln, Bändern und der Schleife am Kleid anbringen, sowie die Streifen auf Minikleid und Haarschleifen.

FARBEN, IDEENGALERIE & MALSEITEN

Nachdem du nun weißt, wie man Manga-Figuren am besten zeichnet, kannst du eigene Charaktere erfinden. Dabei sind deiner Fantasie keine Grenzen gesetzt. Wenn du auf Ideensuche bist, findest du auf den nächsten Seiten Vorschläge für Farbkombinationen, Frisuren, Augen, Kleidung, Zubehör und Körperhaltungen. Alle Abbildungen sind schwarz-weiß. Wenn du magst, kannst du sie ausmalen und dabei das Kolorieren üben.

FARBKOMBINATIONEN

Copic Marker: Hautfarben

PALE FRUIT PINK (E000)
MILKY WHITE (E51)
SILK (YR000)
BARLEY BEIGE (E11)
DULL IVORY (E43)
BRICK BEIGE (E31)
LIGHT SUNTAN (E13)
SAND (E33)
DARK SUNTAN (E15)
HAZELNUT (E23)
CARIBE COCOA (E25)
LIGHT WALNUT (E57)

Copic Marker: Himmel und Wasser

PALE PORCELAIN BLUE (B000)
ICE BLUE (B12)
NEW BLUE (BG02)
HOLIDAY BLUE (BG05)
NILE BLUE (BG45)
MINT GREEN (BG13)
AQUA MIN (BG32)
SMOKY BLUE (B45)

Copic Marker: Natur

CHAMPAGNE (E71)
HAZELNUT (E23)
CHAMOIS (E35)
PEA GREEN (YG63)
NEW LEAF (YG23)
NILE GREEN (G07)
GRASS GREEN (YG17)
MOSS (YG67)

Copic Marker: Pastellfarben

PINKISH WHITE (R00)
WATER LILY (RV00)
IRIDESCENT MAUVE (BV000)
PALE PORCELAIN BLUE (B000)
PALE AQUA (BG000)
MIGNONETTE (YG11)
BARIUM YELLOW (Y00)
CASHMERE (Y32)
PINK (RV11)

Copic Marker: Leuchtende Farben

SALMON RED (R05)
APRICOT (YR16)
ACID YELLOW (Y08)
ACID GREEN (YG07)
FLUORESCENT DULL BLUE GREEN (FBG2)
LAPIS LAZULI (B18)
AMETHYST (V17)
FLUORESCENT PINK (FRV1)

Prismacolor Farbstifte: Pastellfarben und leuchtende Farben

DECO PEACH (1013)
PEACH (939)
PINK (929)
CREAM (914)
CANARY YELLOW (916)
LIGHT GREEN (920)
LIGHT CERULEAN BLUE (904)
JADE GREEN (1021)
MUTED TURQUOISE (1088)
CRIMSON RED (924)
ORANGE (918)
SPANISH ORANGE (1003)
APPLE GREEN (912)
TRUE BLUE (903)
VIOLET BLUE (933)
MULBERRY (995)

AUGEN

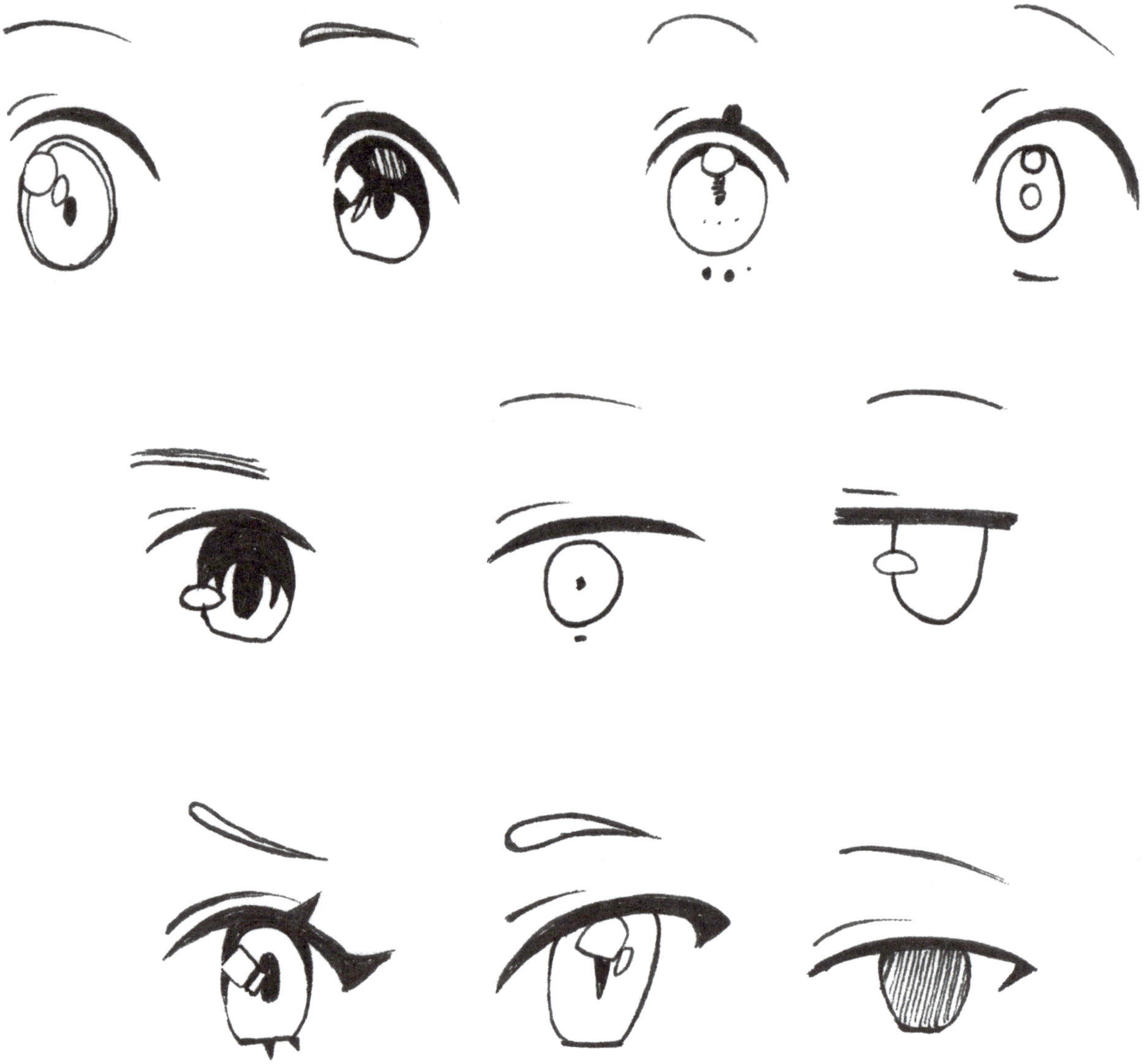

FRISUREN

kurz

halblang

lang

KLEIDUNG

Kleider

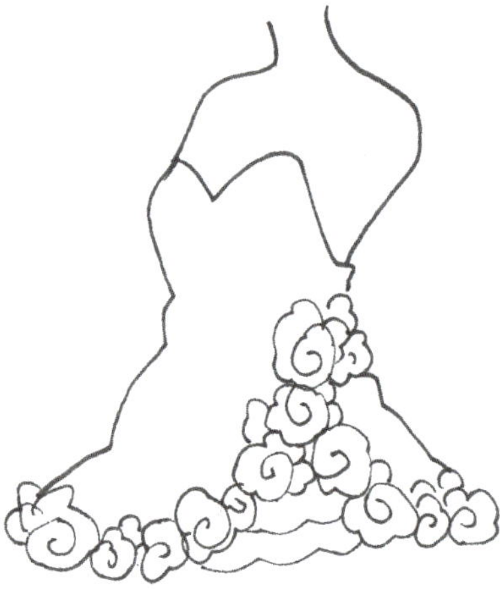

Jacken, Pullover und Blusen

Röcke und Shorts

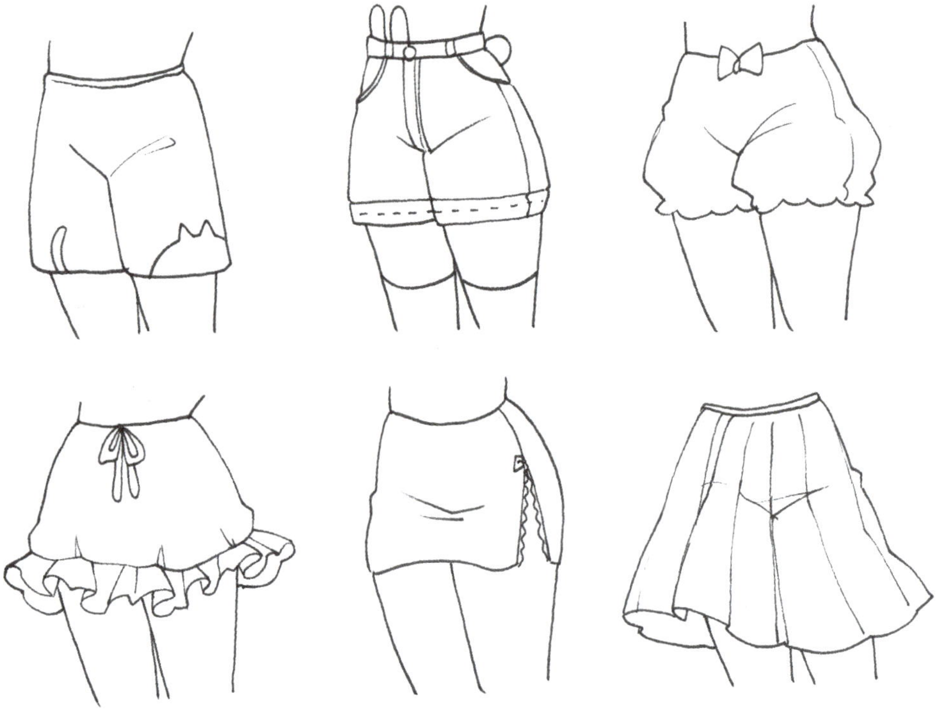

Hosen

ACCESSOIRES

Mützen und Haarschmuck

Overknee-Strümpfe

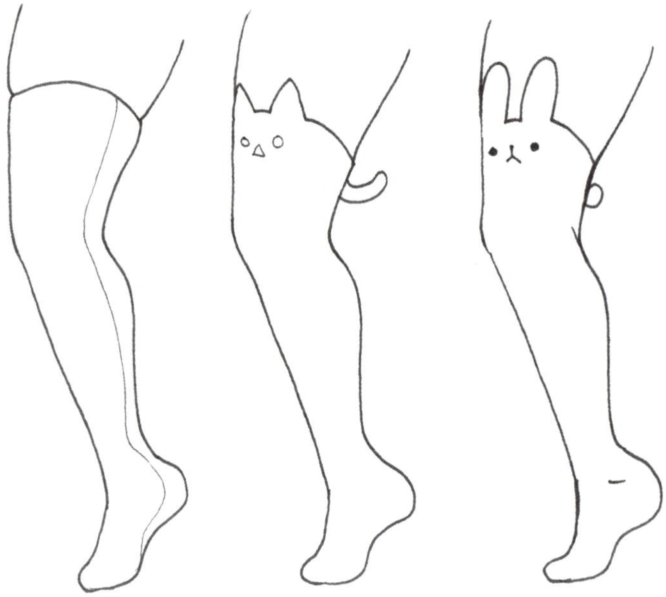

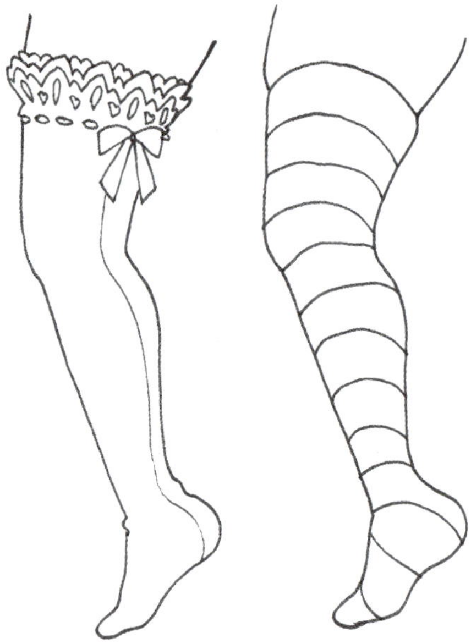

Schuhe

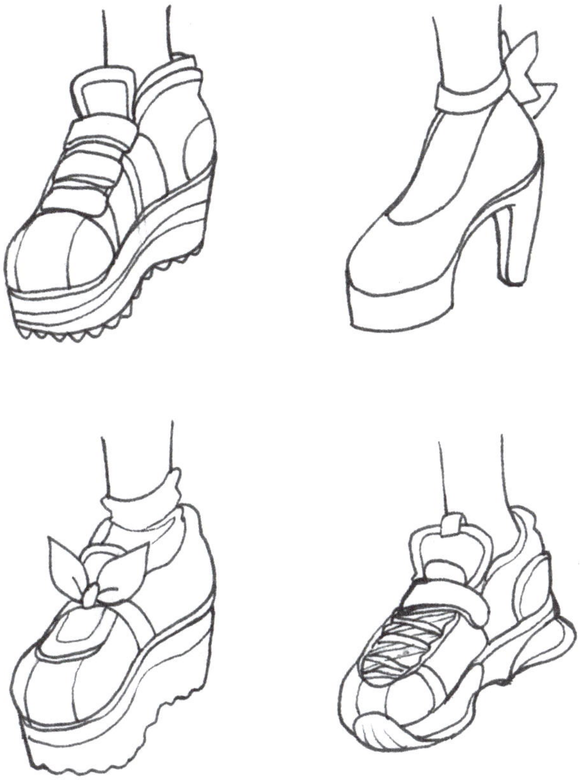

KÖRPERHALTUNGEN

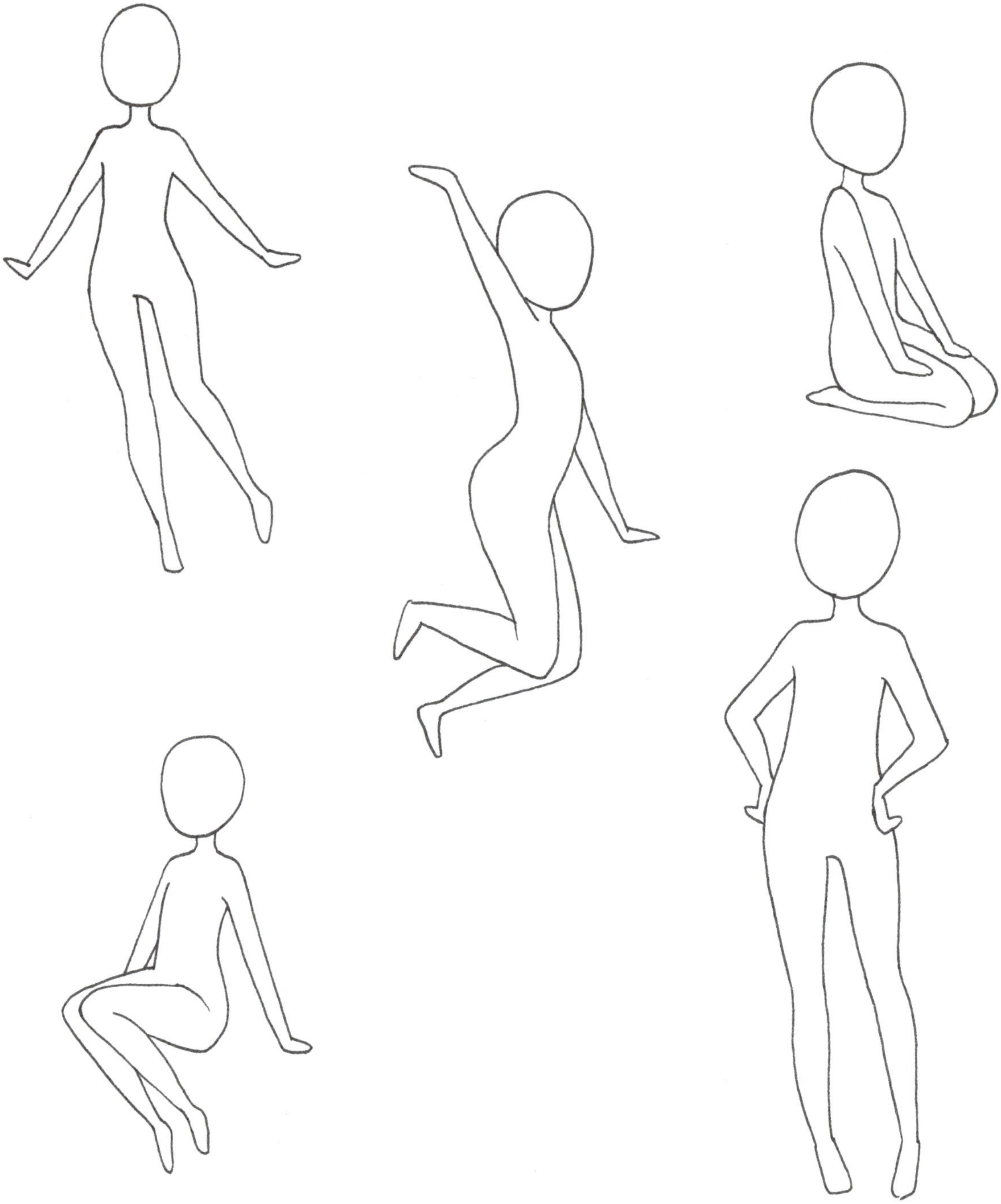

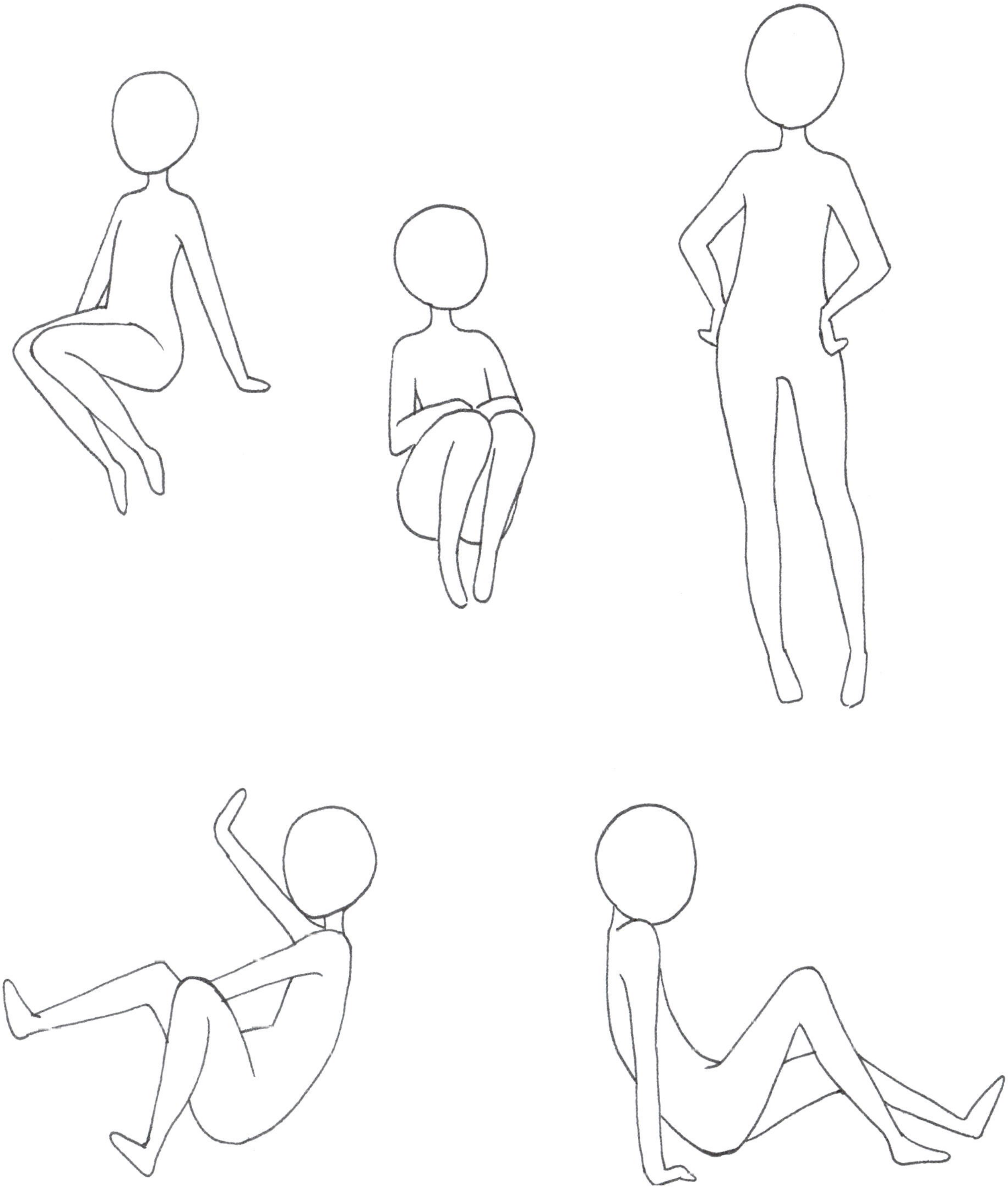